Die schönsten Sagen der Insel Sylt

Die schönsten Sagen der Insel Sylt

nacherzählt und herausgegeben
von
MANFRED WEDEMEYER

mit Illustrationen
von
JUTTA TIMM

VERLAG PETER POMP · ESSEN

1. Auflage Juni 1984
2. Auflage Oktober 1984
3. Auflage April 1986
4. Auflage April 1988
5. Auflage Juli 1990
6. Auflage April 1992
7. Auflage April 1994
8. Auflage Oktober 1999

© 1984 Verlag Peter Pomp, Essen
Titelbild und Zeichnungen: Jutta Timm
Druck: Peter Pomp GmbH, Bottrop
Alle Rechte vorbehalten
ISBN 3-89355-033-X

Wo ferne Ereignisse verloren-
gegangen wären im Dunkel der
Zeit, da bindet sich die
Sage mit ihnen und weiß einen
Teil davon zu hegen.

Jakob Grimm

Das Riesenschiff Manigfual

Auf den Weltmeeren verkehrte einst ein Riesenschiff. Es hieß Manigfual und war so groß, daß man vom Bug aus das Heck nicht sehen konnte. Der Kapitän hatte es schwer, seine Befehle zu geben. Deshalb ritt er mit einem Pferd an Bord umher. Zwei Raben waren seine Helfer. Die vielen Schiffsmasten hat niemand gezählt. Die Matrosen kletterten jung in die Takelage hinauf. Als alte Männer mit grauen Bärten kamen sie wieder zurück. So lange waren sie unterwegs. Damit sie unterdessen nicht an Hunger und Durst litten, kehrten sie häufig in Wirtsstuben ein, die in den Blöcken des Takelwerks eingerichtet waren. Der Mastkorb wurde als Ochsenweide verwendet. Einmal fiel ein Ochse herunter und plumpste in Smutjes Suppenkessel. Der Schiffskoch wollte ihn herausholen und ruderte mit einem Boot über den Suppensee. Aber er fand ihn erst, als die Suppe ausgelöffelt war. Der Ochse war am Rand des Eisenkessels unter einer Niete festgeklemmt.

Die Manigfual überstand vielfältige Abenteuer. Als sie vom Atlantik in den Englischen Kanal hineinsteuerte, saß sie an der schmalsten Stelle zwischen Dover und Calais fest. Da hat-

7

te der Kapitän einen rettenden Einfall, um das Riesenschiff wieder flott zu machen. Er ließ die nach Dover gerichtete Backbordseite mit einer Paste aus Seife und Kreide überziehen. Das half sogleich. Nun glitt im dicken Brei der mächtige Schiffskörper in die Nordsee. Reste der Paste blieben an den Felsen von Dover zurück und färbten die Klippen kreideweiß. Wer's nicht glaubt, kann sich noch heute davon überzeugen.

Auch in die Ostsee fuhr die Manigfual ein. Aber das Wasser war nicht tief genug. Mehrmals saß das Schiff auf Untiefen fest. Zuletzt mußte die Mannschaft den Ballast sowie Schlakke und Asche aus der Kombüse in die See werfen. Dem Ballast verdankt die Insel Bornholm ihre Entstehung. Aus dem Unrat der Kombüse ist Christiansö, die winzige Insel östlich von Bornholm, entstanden.

In der Nordsee wurden die Sandbänke von Blaavands Huk bei Esbjerg dem Riesenschiff zum Verhängnis. Dort lief die Manigfual nach einem Sturm auf und war nicht mehr in Fahrt zu bringen. Der schlaue Kapitän dachte eifrig nach, aber diesmal fiel ihm nichts ein. Alle Anstrengungen zur Rettung des Schiffes führten nur dazu, daß ungeheure Sandmengen entlang der Nordseeküste von Skagen bis Texel aufgespült wurden. Die Sandbänke sind bis heute erhalten. Als die Manigfual aus eigener Kraft nicht mehr zu retten war, ging der Kapitän von Bord und lief nach Süden, um Hilfe zu holen. Auf seinem Weg durch das nordfriesische Wattenmeer verlor er im zähen Schlick eine Schuhsohle. So ist der Mittelteil von Sylt entstanden, der von Westerland bis Nösse reicht und zweifellos die Form einer riesigen Schuhsohle hat. Die sylterfriesische Sprache scheint es zu beweisen, in der Sohle und Sylt fast genauso heißen: Sööl und Söl.

8

Wie Sylt zu seinem Namen kam

Daß der Mittelteil der Insel Sylt aus der Schuhsohle des Kapitäns des Riesenschiffs Manigfual entstanden ist, davon sind nicht alle zu überzeugen. Viele haben sich mit dieser Deutung des Namens Sylt nicht zufriedengegeben. Einige sehen Sild als Abkürzung oder Zusammenziehung von Silendi und deuten es als Seeland, Land an der See. Andere glauben, der Name komme vom jütischen Wort Sild, was Hering heißt. Diese Bezeichnung erhielt die Insel, als sie noch zu Dänemark gehörte. Zur Erklärung dieses Worts wird darauf hingewiesen, daß die Insel so schmal wie ein Hering ist und früher von Sylt aus Heringsfischerei betrieben wurde. Deswegen zeigt das Sylter Wappen auch einen gerade liegenden Hering oder zwei gekreuzt liegende gekrönte Heringe.

Die Friesen nennen ihre Insel Söl (Schwelle). Sich selbst bezeichnen sie als Söl'ringe. Aber es ist zu vermuten, daß der Name Sylt älter ist als die friesische Besiedlung. Silendi könnte nicht Seeland, sondern nach einem Ausdruck sächsischen Ursprungs „wüstes, verlassenes Land" heißen. Man kann dabei an die Wanderungszeit denken, als Angeln und Sachsen das Land verließen und nach Britannien auswanderten. Es ist möglich, daß auch die Insel Sylt von dieser Wanderung betroffen war und daher bestimmte Wüstungsperioden erlebt hat. Als Ausgangspunkt der Überfahrt nach Britannien unter der Führung von Hengist und Horsa nennt die Sage das Riisgap bei Wenningstedt.

Da es zahlreiche vorgeschichtliche Grabhügel auf der Insel gibt, ist eine weitere Deutung des Namens entstanden: Sylt, erklärt aus dem vom altnordischen Wort svelta abgeleiteten sylti, das „qualvoll sterben" heißt. Nach dieser Ansicht könnte der Name Sylt so viel wie „Insel der Toten" bedeuten. Wer weiß nun, welche Erklärung wirklich zutrifft?

Vom Vortrapptief zwischen Sylt und Amrum

Zwischen Sylt und der Nachbarinsel Amrum war die Wasserrinne früher schmal und seicht. In der Mitte des Priels lag ein Pferdekopf, auf den man treten mußte, um von einer Insel zur anderen zu gelangen. Diese Stelle mit dem Pferdekopf konnte eines Tages ein Mädchen nicht finden. Trotzdem wollte es trockenen Fußes hinübertreten, denn es hatte sich geputzt und trug neue Schuhe. Da nahm das Mädchen seine Wegzehrung, ein Schwarzbrot, und legte dies in die Rinne. Gerade als es mit einem Fuß auf das Brot trat, kam ein schwerer Sturm auf. Aus der schmalen Rinne wurde plötzlich ein breites und tiefes Wasser. Das Mädchen rutschte auf dem Brot aus und versank in den Fluten vor den Augen der Leute, die zu ihrer Rettung herbeigelaufen waren und es vor Hochmut und Mißbrauch des Brots gewarnt hatten. Seitdem trennt ein breiter Meeresarm, das Vortrapptief, die beiden nordfriesischen Inseln. Durch ihn fahren die Schiffe zwischen Amrum und Sylt in den Hörnumer Hafen.

Peter von Schottland oder wie die Sturmfluten entstehen

Einst war die Nordsee noch keine Mordsee. Es gab weder hohe Wellen noch Sturmfluten. Damals waren England und Frankreich miteinander verbunden. Höfden hieß die Landverbindung. Sie war sieben Meilen lang und verhinderte das Eindringen der Wellen des Ozeans in die Nordsee.
In jener Zeit regierte in England die Königin Garhöven. Ihr hatte der König von Dänemark die Ehe versprochen. Aber er hielt sein Wort nicht und ließ sie sitzen. Da wurde die Königin

11

zornig und sann auf Rache. Sie beschloß, alle Länder des Dänenkönigs in den Fluten untergehen zu lassen. Sieben Jahre lang ließ sie 700 Arbeiter graben, bis die Höfden durchbrochen war und der Ozean von dort, wo heute der Ärmelkanal verläuft, mit Stürmen und Fluten in die Nordsee eindrang. Bei der ersten großen Flut ertranken 100.000 Menschen. Das dänische Volk war zornig auf seinen König, und man vergiftete ihn. Seither ist sein Name vergessen. Niemand weiß, wie er hieß und wann er gelebt hat. Aber die Sturmfluten kommen noch jedes Jahr und bedrängen die Küsten. Auch die Insel Sylt hat noch heute unter dem Zorn der Königin Garhöven zu leiden.

Später übernahm Peter von Schottland, auch der Alte genannt, das Kommando über die Stürme und Sturmfluten. Er ist niemand anders als der Teufel in Gestalt eines Menschen und wohnt zumeist auf den Bergen von Schottland. Von dort schickt er Kälte und Nordweststürme nach Sylt. Dadurch verursacht er Sandverwehungen und Wasserfluten, Schiff- und Uferbrüche, Fieber und Mißernten. Alles Unglück, das die Westküste von Schleswig-Holstein treffen kann, geht auf Peter von Schottland zurück.

Von Dünen und Sandverwehungen

Die Sand- oder Dünenberge auf Sylt sind eine geheimnisvolle, stille Landschaft. Kein Wunder, daß es dort von Unholden, Unterirdischen und Wiedergängern wimmelt. In den Dünentälern hausen Hexen und Narren, in den Schluchten halten sich Strandräuber und Mörder versteckt. In mancher Sturmnacht wandern Geister ruhelos umher.

Wo heute Dünensand liegt und sich Wanderdünen erstrekken, waren einst Wiesen, Äcker, Dörfer und Kapellen. Mit dem Sturm kam auch der Sand aus dem Meer. Zuerst bildete er nur kleine Hügel, dann jedoch türmte er sich zu hohen Bergen auf, die mit dem Wind weiterwanderten und Häuser, Kirchen und Felder im Sandsturm verschütteten.
Dieses Unheil haben die Dorfbewohner selbst hervorgerufen, indem sie an einem Sonntagnachmittag in seidenen Kleidern herumspazierten, jeder seinen Schatz im Arm, und dabei so übermütig wurden, daß sie eine Heilige verspotteten, die am Strand entlangging und betete. Die fromme Frau achtete nicht auf ihre gottlosen Mitmenschen und schloß sie in ihr Gebet ein, damit Gott den Sündern gnädig sei. Aber am

anderen Morgen kamen zwei Ochsen und wühlten mit ihren Hörnern den Sand kräftig auf. In die aufgelockerten Sandberge fuhr der Sturmwind und trieb sie über das Dorf hin, bis die Häuser der Gottlosen zugedeckt waren. Die Helfer aus den Nachbardörfern konnten nichts dagegen ausrichten. Was sie am Tag freigeschaufelt hatten, wurde in der Nacht aufs neue verweht und verschüttet. Der Flugsand ist bis zum heutigen Tag nicht zur Ruhe gekommen.

Das Wattenmeer

Die Ostseite der Insel Sylt liegt am Watt, einem breiten, zumeist seichten Saum der Nordseeküste, der bei Ebbe ganz oder teilweise trockenliegt. Bei Flut dagegen überspült das Wattenmeer diese Flächen. Wie sind das Zu- und Abfließen des Wassers, Flut und Ebbe, zu erklären?
Auf Sylt erzählt man, der Mann im Mond sei dafür verantwortlich. Er sei ein Schafdieb gewesen, der mit einem Kohlbüschel fremde Schafe an sich gelockt habe, bis er zur ewigen Warnung für andere auf den Mond verbannt worden sei, wo er noch immer seinen Kohlbüschel in der Hand halte. Die Rantumer aber wissen es genauer und sagen: Der Mann im Mond ist ein Riese. Er heißt Manni und trägt einen großen Kübel in Händen, mit dem er Wasser in die Nordsee gießt. Immer wenn er Wasser schöpft, auf die Erde fließen läßt und dadurch die Flut hervorruft, steht er gebückt. Nach sechs Stunden richtet er sich auf und ruht von seiner Arbeit aus. Dann ist Ebbe. Während dieser Zeit fließt das Wasser wieder ab. Wer es nicht glaubt, sollte sich den Vollmond ansehen. Ob Ebbe oder Flut ist, wird er vom Riesen Manni bald erfahren.

14

Die Sterne

Alte Jungfern und alte Junggesellen auf Sylt wurden früher nach ihrem Tod vom lieben Gott mit Arbeiten betraut. Viele freuten sich darüber, denn ihr Erdenleben war einseitig, ohne Streit und Abwechselung. Ihr himmlisches Dasein jedoch entschädigte sie für Entbehrungen und Langeweile. Die Aufgabe der Jungfern im Jenseits begann abends beim Sonnenuntergang. Sie mußten die Sonne am westlichen Himmelsrand auffangen und die abgenutzten alten Sonnen in kleine Sterne zuschneiden. Die Hagestolze mußten jeden einzelnen Stern während der Nacht in den Osthimmel über lange Leitern hinauftragen. Von der Spitze der Leitern aus pusteten die Junggesellen die Sterne in den weiten Himmelsraum. Die Sterne und Sternzeichen dienten den Sylter Seefahrern zur Orientierung, darunter das Siebengestirn mit dem Wagen, auf dem die Engel in der Milchstraße durch den Himmel reisen. Als Fuhrmann sitzt vorn ein Engel und achtet darauf, daß der Wagen vom richtigen Weg um den Polarstern nicht abweicht. Von ihm haben die Sylter Seeleute gelernt, nach dem Polarstern zu navigieren und dadurch ihr Schiff auf dem richtigen Kurs zu halten. Der Orion zeigt nach Ansicht der Sylter den Riesen Goliath. Das Schwert dieses Sternbilds nannte man Morirok, den Gürtel Peripik. Nach ihrer Stellung richtete sich die Zeit des Zubettgehens.

Der Klaawenbusch bei Kampen

Auf Sylt hat es früher ausgedehnte Wälder gegeben. Auch im Dorf Kampen standen viele Bäume und Büsche. Die ganze Talschlucht bis zur Wuldemarsch hinunter war mit Hagedorn bewachsen. Dieses Gehölz hieß das Wolderholz oder der Klaawenbusch, weil die Bauern aus den krummen Zweigen die Klaawen oder Bügel für das Pferdegeschirr zu schneiden pflegten. Die Dorfbewohner, auf deren Feldmark das Gehölz lag, befürchteten, daß Leute aus anderen Inselorten sich gleichfalls Holz holten. Sie gönnten ihnen keine Krummhölzer aus ihren Büschen. Sogar untereinander waren sie sich neidisch und meinten, mancher habe unnötigerweise seinen Pferden neue Klaawen gegeben oder sich zu reichlich mit Holz und Busch eingedeckt. Deshalb wollte jeder dem anderen zuvorkommen und versorgte sich so gut mit Holz, als er nur konnte. Wegen des Wetteifers der Kampener war das gesamte Wolderholz bald ausgerottet. Nur ein Hagedorn im Südosten des Dorfes blieb erhalten. Da kamen die Bauern endlich zur Besinnung. Der eine Strauch ist bis auf den heutigen Tag stehen geblieben, zur Warnung der nachfolgenden Generationen vor Eigennutz und Neid.

Die Bergenten

Die Brandgans, von den Syltern immer als Bergente bezeichnet, wird auf der Insel fast als heiliger Vogel betrachtet, ähnlich wie der Weißstorch auf dem Festland. Man stellt ihm niemals nach, sondern hilft ihm beim Nestbau. Die Bergente legt ihre Eier gern in Höhlen. Künstliche Brutstätten in Gartenwällen, Hügeln, Wiesen und Heiden sollen den Vogel zum Brutgeschäft einladen. Die in die Löcher gelegten Eier werden zum Teil von denen, die die Nistgelegenheit geschaffen haben, für den eigenen Gebrauch herausgenommen. Die Bergente legt nach und nach bis zu 20 Eier. Die Eier werden so lange entfernt, bis der Vogel zu brüten anfängt. Fast jedes Grundstück in den Sylter Dörfern hatte früher seine Bergentenlöcher, aus denen im Mai und Anfang Juni viele Eier erbeutet wurden. Die Bergenten rufen, wenn sie sich dem Menschen nähern, im Flug „Gudai! Gudai!" (Guten Tag! Guten Tag!) und nicken mit dem Kopf. Das gute Verhältnis zwischen diesem Vogel und dem Menschen beruhte ehemals darauf, daß es Ehrensache war, sein Nest nicht auszurräubern und nicht alle Eier herauszunehmen.

Die Unruhe der neuen Zeit hat die zutraulichen Bergenten immer mehr vertrieben. Heute werden ihnen kaum noch Nistplätze geschaffen. Die verbliebenen Vögel legen ihre Eier in Kaninchenlöcher und Fuchsbauten. Mit dem Fuchs kann die Bergente eine Zeitlang in einer Lebensgemeinschaft leben, denn Reinecke macht in unmittelbarer Nähe seines Baus nur ungern Beute. Er duldet die Bergente als Mitbewohner seiner Behausung. Das Lied „Fuchs, du hast die Gans gestohlen" gilt dann nicht. Dagegen vertragen sich die Bergenten nicht mit den Störchen. Beide Tiere leben von alters her im Krieg. Daher sind die Störche von der Insel ganz verscheucht. Nur selten kommt ein einzelner Storch einmal nach Sylt. Aber er nistet hier nicht mehr.

Die Vogelsprache

Für Vogelbeobachtungen ist Sylt von besonderer Bedeutung. Vor allem während der Zugzeiten der Vögel im Frühjahr und Herbst ist die Insel eine der vogelreichsten Landschaften Europas. In den Monaten des Frühjahrs- und Herbstzuges ist es ein eindrucksvolles Erlebnis, die Vielzahl der Zugvögel in vorüberziehenden und einfallenden Schwärmen zu beobachten. Zahlreiche durchziehende und einheimische Vogelarten sind in den mannigfachen Lebensräumen der Insel wie Meer, Strand, Watt, Dünen, Heiden, Wiesen, Teiche und Gehölze zu entdecken.

Wer aufmerksam den Stimmen und Lauten der Gefiederten lauscht, wird die Vogelsprache auf Sylt ein wenig verstehen. Wegen ihrer Laute heißt die Ringelgans auf Sylt Rottgans. Die über Marschwiesen und Dünen streifende Lachmöwe ruft „hahaha" und verrät dadurch das Nest ihrer Nachbarin, der Silbermöwe. „Aauu-aauu" schreit die ihrer Eier beraubte Silbermöwe, wenn sie zu ihrem leeren Nest zurückkehrt. Der schwarz-weiß gefiederte Austernfischer sucht den Eierdieb zu täuschen, drückt sich vom Gelege, schleicht davon und erbost sich „Di Wiip, di Wiip", als wollte er sagen „Nicht ich, der Kiebitz hat Eier." Der Kiebitz jedoch ist ein mutiger Vogel, der sein Nest verteidigt. Er schlägt mit den Schwingen und ruft „Wi-e Wiip, wi-e Wiip". Die ebenso kühne Küstenseeschwalbe fällt im Sturzflug herab und hackt nach dem Kopf des Eierräubers. „Tyrann, Tierack, Tiarnk" schilt sie. Beide Vögel können so zornig werden, daß der Friese meint: „Hi is da arig üs en Wiip of en Tiarnk" (Er ist so zornig wie ein Kiebitz oder eine Küstenseeschwalbe).

Der Rotschenkel ruft seinen eigenen friesischen Namen

19

Kliiri. Bei den Dünenbewohnern stand er in besonderer Gunst wie die Berg- oder Brandente. Deswegen ist ihm zu Ehren ein sylterfriesisches Lied gedichtet:

Kliiri, kliiri, klödtj,
ik warp min Aier üp en rügge Tödtj.
Diar kumt en Arem en geids fuarbi;
diar kumt ein Rik en nemt jam me.

Rotschenkel, Rotschenkel, lustiges Kerlchen,
ich lege meine Eier auf eine rauhe Stelle.
Da kommt ein Armer und geht vorbei;
da kommt ein Reicher und nimmt sie mit.

Woher die Friesen kommen

Die Sylter Friesen sind keine Ureinwohner der Insel. Wann und woher sind sie zugewandert?
Es wird berichtet, daß sie über das Meer aus Indien kamen. Dort lebten einst drei Brüder, nämlich Saxo, Bruno und Friso. Während politischer Unruhen wurden sie vertrieben und flohen mit ihren Leuten und Schiffen auf See, ohne zu wissen, wohin sie segeln sollten. Sie zogen von einem Königreich ins andere, verloren unterwegs viele Schiffe und gelangten schließlich in die Nordsee, wo sie nach unbewohntem Land ausspähten. Sie verabredeten, eine brennende Pechtonne auf den Mast des Schiffes zu setzen, das zuerst geeignetes Siedlungsland ausmacht und landet, um den anderen die Entdeckung anzuzeigen. Friso übernahm das Kommando, fand den Weg durch die Meerenge von Dover und sah bei Flie

eine flache Gegend an der See, wo noch niemand wohnte. Hier siedelten die Einwanderer, bauten Häuser und Wohnungen und vermehrten sich. Gegen neidische Nachbarn verteidigten sie sich erfolgreich mit dem Schwert.

Nach vielen Jahren trennten sich Saxo und Bruno von ihrem Bruder Friso. Sie zogen weiter und gründeten später Sachsen an der Elbe und Braunschweig. Friso blieb in Flie, nahm von dort aus die ganze Nordseeküste in Besitz und gründete Friesland, das nach seinem Stammvater benannt ist. Jedem seiner sieben Söhne gab Friso ein besonderes Land. Da alle Ländereien an der See liegen, hießen sie die sieben Seelande. Zu ihnen gehörte auch die nordfriesische Insel Sylt.

Die Riesen im Kampf mit den Zwergen

Die alten Friesen auf Sylt waren Kämpen oder Riesen. Sie galten als derb und roh, waren bärenstark und maßen in der Länge fünf oder sechs Ellen. Stets hungrig und durstig, verspeisten sie viel Grütze und Fisch, aber auch Brot, Fleisch und Speck. Bier war ihr Lieblingsgetränk.

Als die nordfriesischen Riesen nach Sylt einwanderten, trafen sie auf eine kleinwüchsige, einheimische Bevölkerung, auf ein Volk von Zwergen, Unterirdischen und Puken, die sich von Krähenbeeren und Miesmuscheln nährten und gelegentlich auf Fisch- und Vogelfang gingen. Sie verfügten über steinerne Äxte, Messer und Streithämmer, die sie selbst herstellten und schärften. Sie besaßen nicht viel, dennoch waren sie immer fröhlich und tanzten häufig beim Mondschein auf Hügeln vor ihren Häusern. Dabei leuchteten ihre roten Mützen. Sie alle waren Heiden und verständigten sich in einer eigenartigen Sprache, die sonst niemand verstand. Die Zwerge mußten den eindringenden Riesen Platz machen. Sie wurden von ihren fruchtbaren Ländereien und Marschgebieten im Osten und Süden der Insel verdrängt und wichen auf die nördliche Heide aus. Dort suchten sie Unterschlupf in Höhlen und Gebüschen. An den Riesen rächten sie sich, indem sie ihnen stahlen, was sie konnten. Manchmal holten sie sogar ihre Frauen und Töchter weg. Finn, der König des Zwergenvolks, hatte ein Mädchen aus Braderup geraubt und geheiratet. Die Braderuper hatten am meisten unter den Diebstählen der Zwerge zu leiden. Deshalb haßten sie die Kleinen und bekämpften sie.

Die Feindschaft zwischen Zwergen und Riesen wurde immer bedrohlicher. Eines Tages rüsteten die alten Friesen zum Kampf gegen das Zwergenvolk. Notgedrungen berief König Finn eine Versammlung ein. Flink wie die Wiesel liefen seine Zwerge, Unterirdischen und Puken über die Heide, um allen Bescheid zu geben. Am Abend strömten alle Zwerge wie ein Bienenschwarm auf den Erhebungshügel oder Reisehoog mitten auf der Heide zwischen Braderup, Kampen und Wenningstedt zusammen, wo ihr König zuhause war. Da ihr Geschnatter kein Ende nehmen wollte, blies König Finn beide Wangen auf und rief laut „Erhebt Euch!" Als Antwort schallte ihm entgegen „Erheben, erheben". Als es endlich ruhig war, sprach der König: „Die Braderuper und alle anderen Riesen auf Sylt sind unsere Feinde. Sie wollen uns vernichten und rüsten zum Krieg. Was wollen wir winzige Zwerge gegen solche Riesen machen?" Einstimmig beschlossen sie, ihre Messer und Zähne zu wetzen, die Streitäxte auszugraben und sich am nächsten Tag bei den Stapelhügeln zum Kampf zu sammeln.

Die Sylter Riesen rückten gegen die Zwerge vor, seltsam ausgerüstet mit wunderlichen Kleidern und Waffen. Einige trugen Jacken aus Wolle, so dick wie Filz, oder aus geteertem Segeltuch, Pelze aus Schaf- und Seehundsfellen. Viele hatten nur eine Kuh- oder Pferdehaut über die Schulter gehängt. Einer hatte sich einen vergoldeten Hut aufgesetzt, der ihm wie ein umgekehrtes kleines Boot auf dem Kopf saß. Bröns, der König der Riesen, saß auf einem vergoldeten Wagen. Der stets durstige Schmied Niß von Morsum trug eine Biertonne auf dem Rücken, die er seine Trommel nannte. Regelmäßig nahm er heimlich einen Schluck daraus. Der Bauer Tjül kam aus Archsum und hatte seine Scheunentür auf einen Wagen geladen. „Die ist nützlich", meinte er, „wenn ich in die Schlacht komme, dann verstecke ich mich dahinter, und die Feinde können mich nicht treffen." Als Rüstung trugen einige Meerschweinshäute und getrocknete Rochen.

Die verwegene Schar der Sylter Riesen zog nordwärts über die Heide. Als sie Braderup erreichte, war die Biertonne von Schmied Niß bereits leer. Um ihren Durst zu löschen, lagerten die Krieger in Wenningstedt um den Dorfteich und tranken ihn fast völlig aus. Die Zwerge sahen von der Stelle aus, wo heute der Kampener Leuchtturm steht, die furchterregenden Riesen heranziehen. Da verließ sie der Mut, und sie zogen sich in ihre Höhlen unterm Heidekraut zurück. Die Kämpen hatten es schwer, sie zu finden. Deshalb schickten sie die Männer mit den Meerschweinshäuten und Rochen vor. Die stanken so abscheulich nach Aas, daß die Zwerge mit ihren geruchsempfindlichen Nasen flüchteten, voran die Puken. Die Unterirdischen wurden jedoch wütend und tapfer. Sie krochen unter Anführung des Königs Finn den Riesen schnell wie die Flöhe in die Kleider und schnitten mit ihren

Steinmessern viele zu Tode. Die alten Sylter wehrten sich wie die Löwen. Als aber ihr König Bröns und sein Sohn umkamen, zogen sie sich zurück. In diesem Augenblick kamen die Sylter Frauen ihnen entgegen und machten ihnen wieder Mut. Nun schlugen die Riesen grimmig auf die Feinde ein, so daß alle Zwerge tot auf der Heide lagen. Nur der Zwergenkönig Finn lebte noch. Da sein Volk und Reich untergegangen waren, nahm er sein Steinmesser und stach es sich ins Herz.

Der Untergang der Riesen

In alten Zeiten hatten die Sylter Riesen oder Kämpen drei Burgen in Archsum, Tinnum und Rantum sowie einen Wachtturm bei Heidum errichtet. Mit Gewalt und Grausamkeit beherrschten sie das Land und forderten von der Bevölkerung hohe Abgaben. Sie waren fünf bis sechs Ellen groß und geschickt im Gebrauch ihrer Waffen, der Bogen und Pfeile, die sie auf Fingers Breite genau schossen. Außerdem kämpften sie mit Stockschlägen so kräftig, daß alles, wovon mehr als die Hälfte zu sehen war, alsbald erlegt wurde. Kamen die Bauern zu ihnen, um ihre Schulden zu begleichen, schossen die Riesen aus dem Hinterhalt, töteten und beraubten sie. Dem unglücklichen Volk taten sie viel Leid an.
Das Unrecht wollte zuletzt Gott nicht länger dulden. Er ließ die Tochter des Königs von Dänemark erkranken. Da niemand helfen konnte, ließ der König einen kunstreichen Arzt, der unter den Riesen war, kommen und versprach ihm eine große Summe Geldes, wenn er die Tochter gesund mache. Der Riesenarzt kam und gab der Prinzessin heilkräftiges Sylter Wasser aus der Quelle in der Jückersmarsch. Es

schmeckte so bitter, daß sie es ausspieh. Gleichzeitig würgte sie eine Fischgräte heraus und war geheilt. Aus Freude gab der König ein Fest. Der Arzt aß und trank im Überfluß, bis er trunken war und alle Geheimnisse von Sylt ausplauderte. Sobald der König von den Untaten der Kämpen gehört hatte, ließ er seine besten Krieger zusammenkommen und schickte sie auf die Insel. Von zwei Seiten griffen sie die Sylter Riesen an. Die konnten sich nicht lange wehren und waren bald gefangen. In den Wachtturm wurden sie eingesperrt und von 200 dänischen Kriegsleuten bewacht. Der König befahl, ihnen nach Verdienst und Recht den Kopf abzuschlagen. Mit gutem Wein wurden sie – 120 an der Zahl – trunken gemacht, so daß sie fröhlich sangen, während ihre Genossen starben. Nur die beiden letzten wollten nicht singen, weil ihre Todesstunde so nahe war. Sie sind alle auf der Heide in den Lünggrewern, den langen Gräbern, begraben. Das Sylter Landvolk huldigte dem dänischen König als neuem Herrn. Aber auch unter der neuen Herrschaft wurde es tributpflichtig.

Der englische Baumeister

Das nordfriesische Festland und die vorgelagerten Inseln waren einst viel größer. Die Inseln hatten noch Verbindungen miteinander, bevor die großen Flutkatastrophen weites Land zerschlugen und Dörfer und Kirchen vernichteten. Die vier alten Kirchen in Keitum, Nieblum auf Föhr, Pellworm und Tating in Eiderstedt sind nach der Sage bei der Einführung des Christentums etwa gleichzeitig erbaut. Sie liegen auf einer geraden Linie, die fast nach Norden zeigt, ungefähr nach dem magnetischen Nordpol. Die Entfernung von Keitum nach Tating beträgt rund 66 km. Die Zwischenabstände sind annähernd gleich groß.

Ein Baumeister aus England soll die vier Kirchen erbaut haben. Seinerzeit waren die Beziehungen zum christlichen England eng und vielfältig. Manche glauben, der englische Baumeister habe zu den Mönchen des Klosters Odense gehört. Denn von den Bauhütten der Klöster gingen starke Anregungen aus, die das Bauwesen förderten und verbesserten. Dem englischen Baumeister war es wegen der früher noch bestehenden Landverbindung möglich, zur Beaufsichtigung seiner vier Kirchenbaustellen mit dem Pferd von Eiderstedt nach Sylt zu reiten. So gelangte er ohne Umwege von einem Bau zum anderen und hatte nur einige Priele zu überwinden. Da die Gotteshäuser auf einer schnurgeraden Linie liegen, wird angenommen, daß der Engländer ein kompaßähnliches Gerät besessen hat.

Ing und Dung oder die Glocke in Keitum

Zwei sonderbare Feldsteine in der Mauer des Kirchturms der St.-Severin-Kirche in Keitum geben ein Rätsel auf. Niemand kann über diese Steine genaue Auskunft geben. Ob der Baumeister aus Freude, Scherz oder Laune die schön gespaltenen Findlinge in die Backsteinverblendung eingesetzt hat, bleibt ungewiß. Deshalb hat sich die Sage damit beschäftigt und phantasievoll gefragt, ob nicht zwei Frauenröcke dort an der Wand verwandelt sind und die Glocke nicht täglich mehrmals die Namen der beiden Frauen nennt: Ing und Dung. Die Schwestern Ing und Dung lebten einst in Keitum. Sie waren sehr wohlhabend und verbrachten ihren Lebensabend in einem Kloster, das nördlich der Kirche gestanden hat. Täglich sahen sie das schöne Gotteshaus und bedauerten, daß kein Turm vorhanden war. „Eine Kirche ohne Turm ist wie ein Mensch ohne Kopf", dachten die beiden Schwestern, holten den Sparstrumpf hervor und stifteten ihr Geld für den Bau eines Kirchturms. Ihre Taler verwandelten sich in Steine. Doch bevor der Turm halb errichtet war, starben sie. Zu ihrem Andenken sind zwei pyramidenförmige, aufrechtstehende Feldsteine in die Mauer des Turms eingebaut.

Auch die Glocke in Keitum soll von Ing und Dung gestiftet worden sein. Sie hatte einen so hellen Klang, daß man sie drüben auf dem Festland bei Westwind hören konnte. Dort erregte sie den Neid der Einwohner des Fleckens Hoyer, die beschlossen, die Glocke zu stehlen. Aber ihr Vorhaben sprach sich herum, und die Keitumer banden ein Pferdehaar um den Klöppel. Nun klang die Glocke gedämpft, als sei sie gesprungen. Deshalb gaben die Leute aus Hoyer ihren Diebesplan auf.

Bei der Einweihung des Turms und der Glocke war prophezeit worden, die Glocke werde einmal herabstürzen und einen Jüngling erschlagen. Ebenso werde der Turm einst zusammenfallen und eine Jungfrau unter sich begraben. Der erste Teil der unheilvollen Voraussage erfüllte sich am Weihnachtsabend 1739. Wegen mutwilligen, heftigen Läutens sprang die Glocke aus ihrer Halterung, durchschlug den Turmboden und tötete Sören Sörensen, einen Jüngling aus Keitum. Seit dieser Zeit wagt darum kein Mädchen auf Sylt, dem Kirchturm von Keitum nahezukommen.

28

Der Taubenprozeß

Als Johannes Hoyer Pastor in Keitum war, kam der Kirchturm nochmals in Gerede und spielte in einem Rechtsstreit eine Rolle. Im Turm hatten sich Tauben angesiedelt. Ihre Nistplätze duldete der Pastor, weil ihm die Vögel Eier und manchmal auch einen schmackhaften Braten lieferten. Als die Tauben überhand nahmen und auf den umliegenden Getreidefeldern Schaden anrichteten, forderten die Bauernvögte von Keitum und Archsum den Gottesmann auf, den Schlüssel des Kirchturms zur Verfügung zu stellen, damit sie die Nester der Tauben entfernen konnten. Aber der Pastor gab den Schlüssel nicht heraus. Auch die Aufforderung der Behörde konnte ihn nicht dazu bewegen. Er wandte sich an den dänischen König und bat um dessen Beistand.
Der Streit um die Tauben brachte dem Pastor viel Ärger, der seiner Gesundheit schadete. Deshalb bat er vorzeitig um den Ruhestand und zog sich grollend nach Braderup zurück. Die Tauben im Kirchturm flogen weiterhin ein und aus, denn eine Entscheidung im Prozeß ließ auf sich warten. Erst nachdem der Pastor 1774 verstorben war, kam ein Brief der Kirchenbehörde, daß „in betreff der Tauben alles beim alten bleiben soll".
So gewann Johannes Hoyer nach seinem Tod den Taubenprozeß. Die Ringeltauben zogen sich später von selbst zurück und machten den Turmfalken Platz.

Alte Kirchen oder der Segen von oben

Viele Sylter Kirchen sind einst durch Sturm und Sandflug zerstört worden. Nur zwei alte Gotteshäuser sind noch erhalten: St. Severin in Keitum und St. Martin in Morsum. Alle anderen Kirchengebäude haben nicht standhalten können, zum Beispiel: St. Jürgen in List, St. Marien und die Westerseekirche bei Rantum, St. Nikolai in Eidum, St. Peter und die Dorfkirche in Rantum. Die Rantumer haben ihre Kirche St. Peter zweimal nach Osten versetzt, um sie vor Sand und Wasser zu retten.

Als beim Bau der Keitumer Kirche der Wagen mit den Bausteinen unterwegs war, zerbrach er auf halbem Weg. Wo ein Granitquader zu Boden gefallen war, dort wurde die Kirche errichtet. Auch der Bauplatz der Morsumer Kirche wurde nach einem besonderen Ereignis gewählt. Ursprünglich sollte der Bau bei Stiinnak entstehen, südlich vom heutigen Dorf, wo sich jetzt das Watt erstreckt und früher noch Land war. Ein Teil der Steine war schon abgeladen. Aber einige Morsumer wollten die Kirche dort haben, wo ein höherer, sicherer Platz war und mehr Leute wohnten. Sie schafften das Baumaterial in einer einzigen Nacht heimlich dorthin. Die Dorfbewohner waren abergläubisch und meinten, eine höhere Macht habe die Steine umgelagert. Deshalb wurde der Grundstein dort gelegt, wo heute die Morsumer Kirche steht. Der Name des Dorfes soll nach der Sage aus dem Ausdruck muar sen (mehr sind, wo mehr Leute sind) gebildet worden sein.

Als die Rantumer Kirche 1801 wegen Versandung aufgegeben wurde, kaufte der Schiffer Ebe Pohn aus Westerland die noch verwendbaren Teile auf einer Auktion. Er brachte das ersteigerte Gut in sein Haus nach Südhedig und auf sein Schiff. Die Kajüte schmückte er mit Teilen des Altars und der Kanzel. Da taufte er sein Schiff auf den Namen „Segen von oben". Seine Freude darüber soll nur kurz gewesen sein, denn schon nach wenigen Jahren saß er mit seinem Schiff auf einer Sandbank fest. Er mußte es aufgeben und als Wrack verkaufen.

Im Haus von Ebe Pohn in Westerland-Südhedig wohnte später der Sylter Chronist Henning Rinken, der auch gern Verse schmiedete. Reste des „Segens von oben" hatte er über seiner Bettlade befestigt. Immer wenn das Glück ihm ins Haus stand, soll er gesungen haben:

„So leben wir selige Tage dahin,
den Segen von oben im Häuschen."

Grabhügel

Mehr als 600 Grabhügel soll es im Jahr 1770 auf Sylt gegeben haben. Die meisten wurden aus wirtschaftlichen Gründen, beispielsweise zum Wall- und Wegebau, und wegen Mangels an geschichtlichem Interesse abgetragen. Etwa 200 Grabhügel nannte der Sylter Lehrer und Heimatforscher Christian Peter Hansen 1845, und der Chronist Jens Booysen notierte 1828: „Auf den Heiden und selbst zwischen den Ackerländereien finden sich sehr viele, teils größere, teils kleinere heidnische Grabhügel, und ich habe deren im ganzen Herzogtum nirgends so viele gesehen."

Zwei große Grabkammern aus Findlingen sind zwischen Kampen und Braderup aufgerichtet worden. Man nannte sie Prunkenberge. Darin sollen ein berühmter Krieger und seine

Frau begraben worden sein. Die Toten in diesen und anderen Hünengräbern erhielten reiche Grabbeigaben. Wer am meisten Ansehen hatte, kam ins größte Grab mit den wertvollsten Beigaben. Die Unterirdischen bewachten die Schätze, damit sie nicht gestohlen werden konnten. Bröns, der König der Sylter Riesen, wurde im mächtigsten Grabhügel der Insel beigesetzt, im Brönshoog auf der Kampener Heide neben dem Leuchtturm. Er fiel mit seinen Kämpen in der Schlacht gegen die Zwerge. König Bröns wurde auf seinen vergoldeten Wagen gesetzt und so bestattet. Eines Tages wollten Sylter Schatzgräber den Wagen herausholen. Als sie den Brönshoog ausgruben, erhob sich eine unsichtbare Hand und gab

ihnen gewaltige Ohrfeigen. Da beschuldigten sie sich gegenseitig und erschlugen sich im Streit.

An der Grenze der Keitumer Geest und Marsch ist im Klöwenhoog der Seeheld Klöw mit seinem goldenen Drachenschiff begraben. In den Öwenhoog, zwei Kilometer davon entfernt, wurde der goldene Anker seines Schiffes gelegt. Die goldene Ankerkette verband beide Hügel miteinander über die feuchte Marsch. Habgierige Schatzgräber machten sich auch hier zu schaffen, um das Schiff zu heben. Schon berührten sie mit ihren Spaten die Masten. Da befürchteten die Zwerge den Verlust des von ihnen bewachten Reichtums. Aber sie wußten sich zu helfen. Sie ließen eines ihrer Männlein auf einer lahmen Gans um den Klöwenhoog reiten. „Was ist das doch für ein Teufelsspuk!" riefen vor Schreck die Schatzgräber und jagten hinter dem Spuk her. Nun zogen die Zwerge das Schiff in die Tiefe. Es ist nie wieder gesehen worden.

Der Bröddehoogmann

Auf dem Bröddehoog, einem Grabhügel zwischen Braderup und Kampen, ist früher oft ein seltsamer Mann gesehen worden. Manchmal zeigte er sich sogar am hellen Tag. Er war mittelgroß, grau gekleidet und trug einen breitkrempigen, abgenutzten alten Hut. Den Kopf hielt er gesenkt. Mit nachdenklicher Miene schaute er schwermütig vor sich hin. Viele hörten von dieser sonderbaren Gestalt, Bröddehoogmann genannt, und liefen neugierig hin. Aber niemand wagte, dem Gespenst zu nahe zu kommen, das viel Unruhe bei den Syltern hervorrief.

Der Mann soll einst in einem der nördlichen Dörfer der Insel gewohnt und sein Unwesen getrieben haben. Durch Seeräuberei und Strandraub häufte er ein großes Vermögen zusammen. Viele Schiffbrüchige erschlug und beraubte er. Die Toten verscharrte er am Hügel. Die erbeuteten Güter hortete er im geräumigen Gewölbe jenes Grabes. In jeder Nacht zog es ihn dorthin, um sein Geld zu zählen und sich in seiner unterirdischen Schatzkammer zu ergötzen. Er brütete auf seinen Goldeiern, wie es hieß. Daher erhielt der Hügel den Namen Bröddehoog oder Brütehügel.

Von seinem Reichtum hatte der raffgierige Mann seinen leichtsinnigen Söhnen nichts erzählt. Sie ahnten davon und waren dem Vater eines Nachts, als er wieder einmal Beute in sein Versteck trug, nachgeschlichen. Sogleich nach dem Tod des Vaters suchten sie im Hügel nach und wollten die Schätze an sich nehmen. Aber unrechtes Gut kommt nicht an den dritten Mann. Während sie im Gewölbe die Geldsäcke und alles andere zusammenrafften, stürzte der Hügel ein und begrub die habgierigen Söhne. Fortan mußte der Vater aus dem Grab seiner Kinder und der ermordeten schiffbrüchigen Seefahrer als Gespenst umgehen.

Die Brautfahrthügel

Ein schönes Mädchen aus Eidum hatte sich mit einem jungen Seemann verlobt. Bevor er wieder zur See ging, gab sie ihm das Versprechen, keinem anderen Mann anzugehören und ihm treu zu bleiben. Lieber wollte sie zu Stein erstarren als ihr Wort brechen. Im Vertrauen auf die Treue seiner Verlobten fuhr der Matrose ab. Doch er war noch nicht lange von der Insel fort, da hatte das Mädchen andere Freier. Schließlich versprach sie einem Schlachter aus Keitum die Ehe. Der Hochzeitstag wurde bald vereinbart. Der Brautzug setzte sich zusammen, voran der Brautführer, und machte sich auf den Weg von Eidum zur Kirche nach Keitum. Auf halber Strecke traf die Hochzeitsgesellschaft eine hinkende alte Frau. Dies war ein unheilvolles Zeichen für Brautleute. Die Alte blieb stehen und rief: „Airembőőr, Kairembőőr, ju Brir es en Hex!" (Eidumer, Keitumer, Eure Braut ist eine Hexe!) Erzürnt entgegnete ihr der Brautführer: „Es üür Brir en Hex, da wild ik, dat wü jir altermaal dialsoonk en weder apwukset üs gre Stiiner!" (Wenn unsere Braut eine Hexe ist, wollen wir alle zu Boden sinken und als graue Steine wieder hochkommen!) Kaum waren die Worte gesprochen, da wurde der Himmel schwarz, es blitzte und donnerte und eine Erdspalte verschluckte die ganze Hochzeitsgesellschaft. Als graue Findlinge stieß die Erde sie wieder hervor. Sie waren am Wegrand nördlich von Tinnum unweit des Thinghügels zu sehen. Der Name von zwei kleinen, inzwischen abgetragenen Hügeln, Brirfiarhooger oder Brautfahrthügel, erinnert noch heute an dieses Ereignis.

Biikebrennen

Alljährlich leuchten am Abend des 21. Februar, am Vorabend des Petritages, auf Sylt Feuer auf, die Biiken. Sie sind ein sichtbares Zeichen der friesischen Tradition. Biikebrennen ist ein friesisches Volksfest. An jenem Februarabend werden unter reger Beteiligung der Bevölkerung in jedem Inselort die Biiken – das Wort hängt mit Baaken oder Feuerzeichen zusammen – angezündet. An den Brennstellen, meistens auf einem vorgeschichtlichen Grabhügel, werden Haufen von Brennmaterial aufgetürmt. Inmitten eines jeden Haufens steht ein Pfahl mit einer teergefüllten Tonne. Er soll den Winter darstellen. Wenn er brennend herabfällt, jubeln die Festteilnehmer und geloben, Zank und Streit zu vergessen. Wie jedes Brauchtum haben auch Biikebrennen und Petritag während ihrer geschichtlichen Entwicklung manche Veränderungen und Wandlungen erlebt. Die Anfänge liegen im dunkeln. Die Sage behauptet, einst seien die Feuer Teil eines heidnischen Festes gewesen. Man erflehte dadurch von Wodan, dem obersten Gott der Germanen, Segen für die Äcker und alles, was für die Insel nützlich war. Man ließ auch Feuerräder über die Felder rollen, damit sie bessere Erträge brächten. Um das lodernde Feuer wurde getanzt und ausgerufen: „Wodan, verzehre das Feuer, nimm unser Opfer an!" Mit dem Christentum wandelte sich die Bedeutung des Biikebrennens. Im 17. und 18. Jahrhundert wurde es zum Abschiedsfest für die Sylter Seeleute, die auf Wal- und Robbenjagd nach Grönland, Spitzbergen und ins Eismeer zogen. Nun kündete die Feier den Beginn der Walfangsaison. Am Tag nach dem Biikebrennen, dem Petritag – als Kalendertag Petri-Stuhlfeier – hielt man zunächst bei Keitum Thing ab, auf dem Verbote und Bekanntmachungen verlesen und Rechtsfragen geklärt wurden. Denn was immer die Grönlandfahrer erwartete, eines war gewiß: keiner von ihnen kehrte vor dem Herbst zurück und mancher von ihnen kam niemals wieder. Deshalb mußten bis dahin alle Rechtsgeschäfte abgewickelt sein. Natürlich kam dabei auch das Feiern nicht zu kurz. Einen Eindruck davon vermittelt die Komödie „Di

Gidshals of di Söl'ring Pid'ersdei" (Der Geizhals oder der Sylter Petritag) des Sylter Seefahrers, Lehrers und Küsters Jap Peter Hansen aus der Zeit um 1800.

Gegen das Fest erhoben die Prediger manchmal ihre Stimme. Die Rantumer wären von ihnen fast einmal bekehrt worden. Einst hatten die Dorfbewohner in Rantum ihre Biike am Vorabend des Petritages entzündet. Die Feuer waren erloschen, und die Leute waren bereits zur Ruhe gegangen. Um Mitternacht wurden sie aus dem Schlaf geholt, weil auf dem Biikenhügel abermals ein gewaltiges Feuer loderte. Sie eilten zum Löschen. Da sahen sie ein schwarzes Ungeheuer am Hügel herumschleichen, gleich einem Riesenpudel. Den hielten sie für den Teufel. Um ihn zu verscheuchen, gelobten sie, von nun an das Biikebrennen zu unterlassen. Später aber haben sie die Biike doch wieder angezündet.

Als die drei Sylter Pastoren Bahnsen, Rienau und Gleiss gegen die vorchristliche Überlieferung des Biikebrennens wetterten, inszenierte der Keitumer Seemann und Bauer Nann Mungard eine Feier am Vorabend eines Petritages auf dem Thinghügel in Keitum und ließ dort drei Teertonnen abbrennen. Auf jede Tonne war ein Buchstabe gemalt: B, R und G, die Initialen der drei Pastoren. Nann Mungard kam vor Gericht. Doch er wurde freigesprochen. B, R und G, so hatte er sich verteidigt, sei zwar eine Abkürzung. Aber sie ständen nicht für die drei frommen Gottesmänner, sondern für die Worte „Brenne recht gut".

Heute wird beim Biikebrennen in friesisch und hochdeutsch der Vergangenheit und Gegenwart gedacht. Dann gibt es in den Wirtshäusern Grünkohl und Schweinebacke. Die ganze Nacht wird getanzt. Und der nächste Morgen bringt am Petritag das Schönste am Biiken für die Kinder: schulfrei.

Sylter Friesen als Seefahrer

„Wer nicht beten kann, werde nur ein Schiffmann". Dieser im Jahr 1703 am Deckel der Armenbüchse aufgemalte Spruch in der Keitumer Kirche läßt ahnen, wie hart das Leben der Seefahrer jener Zeit war. Die seemännischen Unternehmungen der Inselfriesen – Fischfang, Walfang, Handelsfahrt – wurden, so erfolgreich sie auch waren, im Laufe der Zeit von vielen Unglücksfällen begleitet. Zur Grönlandfahrerzeit blieben nicht nur einzelne Seeleute auf See, ganze Schiffe und Flotten sind im Eis verlorengegangen. Ihren Einsatz bei diesem schwierigen Geschäft im Eismeer bezahlten viele Sylter mit dem Leben. Nur wenige kamen durch den Walfang zu Reichtum.

Der erfolgreichste Sylter Walfangkommandeur war Lorenz Petersen de Haan. Mit 11 Jahren war er als Schiffsjunge auf seinen ersten Heringsfang gegangen. Mit 25 Jahren wurde er Kommandeur auf dem Walfänger „Schwarzer Adler" unter Hamburgischer Flagge. Auf neun Fahrten erlegte er 59 Wale. Dann übernahm er das Hamburger Walfangschiff „De Stadts Welvaert" mit 45 Mann Besatzung. Von seinen weiteren mörderischen Fangreisen brachte er in 29 Jahren 110 Wale mit. Kein anderer Sylter Grönlandkommandeur hat es ihm gleichgetan. Da die Walfänger am Fangergebnis beteiligt waren, wurde Lorenz Petersen de Haan ein vermögender Mann, vermutlich der reichste der Insel.

Die Fahrten der Sylter Seeleute waren immer voller Abenteuer. Wenn über sie erzählt wurde, vermischten sich oft Wahrheit und Phantasie, und sagenhafte Berichte entstanden. Dabei spielten nicht selten Geister, übersinnliche Vorgänge und Spökenkiekerei eine Rolle. Auch die Binnenlandsfahrer, die nicht weit kamen, nur im Wattenmeer schipperten und Landkrabben hießen, erlebten merkwürdige Dinge.

Zu den Landkrabben gehörte der Schiffer Brork aus Westerland. Auf seinen Fahrten sah er stets so viel, daß er der Entdecker genannt wurde. Er war ein eigenartiger Kauz. Einst geriet er mit seinem Ewer und einer Ladung Butter auf eine Sandbank. 14 Tage lang saß er darauf fest und wartete geduldig auf die höhere Flut für seine Weiterfahrt. Währenddessen aß er die ganze Butter auf. Seither heißt die Sandbank Buttersand. Auf einer anderen Fahrt verfehlte er nachts eine Fahrrinne im Watt und steuerte in eine schmale Wehle. Daß er in den Wasserlauf der Hallig Gröde geraten war, merkte er erst am Morgen. Zu beiden Seiten des Schiffs sah er grüne Halligwiesen sowie weidende Kühe und Schafe. Weil er das Boot nicht wenden konnte, fuhr er mit der nächsten Flut weiter, den Krümmungen der Wehle nach. So entdeckte er die Durchfahrt durch die Hallig Gröde. Sie heißt noch heute Brorkenholl (Brorkenloch). Eile kannte der Schiffer Brork nicht. Sagte man ihm: „Brork, Brork, die Zeit hat Flügel", antwortete er langsam und bedächtig: „Zeit zu allem, Zeit zum Leben, Zeit zum Sterben."

Mannigfache Gefahren drohten den Seeleuten zeitweise von Seeräubern und Kaperern, die den Handelsschiffen auflauerten. Wer einem Sklavenhändler in die Hände fiel, wurde nach Algier gebracht und dort auf dem Sklavenmarkt zum Kauf angeboten.

Um dänische Schiffe vor diesen Gefahren zu bewahren, schloß der König von Dänemark, zu dessen Reich Sylt bis 1864 gehörte, mit der Regierung von Algier einen Vertrag. Er vereinbarte jährliche Zahlungen und stellte Seepässe aus, die

Kapitän, Mannschaft und Schiff vor Kaperung und Sklaverei schützten.

Wie viele andere konnte auch Andreas Frödden aus Wenningstedt vor der algerischen Sklaverei nicht geschützt werden. 1724 geriet er in die Gewalt der Sklavenhändler. Mit gesenktem Kopf stand er verbittert auf dem Markt, wo er wie eine Ware feilgeboten wurde. Da klopfte ihm ein hochgewachsener, bärtiger Kerl, der wie ein Muselmann aussah, auf die Schulter und erkundigte sich: „Best dü eck en Söl'ring?" (Bist du auch ein Sylter?) Es war Jens Baathen aus Archsum, der den erstaunten Frödden fragte. Der Archsumer war früher gleichfalls in Gefangenschaft geraten, hatte die mohammedanische Religion angenommen und war wieder ein freier Mann geworden. Er half dem Gefangenen, bald seine Freiheit zurückzugewinnen.

Ein Opfer der Piraterie wurde ebenso der Sylter Kapitän Clas Hermann Lund, der keinen Seepaß besaß. Im Ärmelkanal wurde sein Schiff von einem spanischen Kaperer aufgebracht und nach Bilbao entführt. Doch das Schiff strandete vor dem Hafen, weil die Kaperbesatzung ungeschickt manövrierte. Die Stadt beschlagnahmte das gestrandete Schiff. Nun verklagte Kapitän Lund den Kaperkapitän auf Ersatz von Schiff und Ladung. Jahrelang blieb er in Spanien, um für sein Recht zu kämpfen. Der Richter verurteilte zwar den Kaperkapitän zum Schadenersatz, aber er meinte, der werde sich sicherlich für zahlungsunfähig erklären. Deshalb wandte sich der Sylter an den König von Spanien. Um von ihm gehört zu werden, mischte er sich als Seeräuber maskiert unter die Gäste eines Maskenballs, den der König besuchte. Er warf sich vor ihm auf die Knie und brachte seine Forderung vor. Der König war zunächst verärgert, auf einem fröhlichen Ball belästigt zu werden. Dann aber las er das Urteil und sorgte dafür, daß der Kaperkapitän sofort seine Schuld bezahlte. Clas Hermann Lund kehrte nach drei Jahren aus Spanien zurück und konnte seinem Reeder den Verlust von Schiff und Ladung ersetzen. Sylter Kapitäne bewährten sich nicht nur auf den Weltmeeren. Ebenfalls auf dem heimischen Wattenmeer bestanden sie Gefahren und Schwierigkeiten. Eine besondere Aufgabe war die Schiffsverbindung von Munkmarsch auf Sylt nach Hoyerschleuse auf dem Festland. Bis zur Eröffnung des Hindenburgdamms 1927 hielt die Sylter Dampfschiffahrt-Gesellschaft diese regelmäßige Fährlinie aufrecht. Einer ihrer Kapitäne, Carl Christiansen, hat sich dabei einen Namen gemacht. Käpt'n Corl genannt, wurde er während der Überfahrten nach allem befragt. Er war witzig, schlagfertig und hatte stets 1000 Erklärungen bereit. „Wie lange dauert die Fahrt bis Sylt?", wollte eine Dame wissen. Käpt'n Corl antwortete: „Zwei Stunden, die Rückfahrt vier Stunden." Wie sich das erkläre, wollte der Passagier erfahren. Antwort: „Sie wissen doch, die Erde ist rund. Von Hoyer nach Sylt geht es bergab, umgekehrt bergauf." Während einer anderen Fahrt zeigte der Kapitän nach Emmerleff hinüber und erklärte: „Drüben ist Nansen geboren." Staunend meinten die Reisenden, nicht gewußt zu haben, daß dort die Wiege des berühmten Polarforschers gestanden habe. Tatsächlich war ein Nansen in Emmerleff geboren. Er hieß jedoch Sören mit Vornamen und war Gemüsehändler.

Das uthländische Haus

Das Uthland ist das Außenland vor der schleswig-holsteinischen Westküste. Es besteht aus den Inseln und Halligen. Hier und auf dem friesischen Festland gibt es einen bestimmten Haustyp, das uthländische Haus. Bei der dafür auch gebräuchlichen Bezeichnung Friesenhaus ist zu bedenken, daß nicht die Friesen diesen Haustyp geschaffen haben. Die Friesen haben sich erst nach der Völkerwanderungszeit auf den heutigen nordfriesischen Inseln niedergelassen, nachdem sie aus dem niederländischen Westfriesland eingewandert waren. Das von ihnen bevorzugte uthländische Haus gibt es bereits seit 2000 Jahren. Archäologische Ausgrabungen, vor allem in Archsum auf Sylt, haben es zutage gebracht. Urtümlich ist das uthländische Haus, wenn es dem frühgeschichtlichen Vorgänger möglichst ähnlich ist. Dazu zählen insbesondere das Reetdach, das ursprünglich ein Vollwalmdach war und erst später ein Krüppelwalmdach wurde, sowie die Ständerbauweise: das Dach ruht auf hölzernen Ständern, nämlich auf Innenständern, etwa einen halben bis anderthalb Meter von der steinernen Außenwand entfernt. Der Zwischenraum zwischen den einzelnen Ständern heißt Fach. Ein Fach hat eine Größe von anderthalb bis zweieinhalb Metern. Neun bis zwölf Fach sind die einfachen, giebellosen Häuser groß. Zum urtümlichen Uthlandhaus gehört außerdem die Zweiteilung in Wohn- und Wirtschaftsteil mit der trennenden Querdiele. Die Dachbalken direkt auf die Außenmauern zu legen und auf die Ständer zu verzichten, begann man erst in der Mitte des 18. Jahrhunderts. Dann kamen auch Giebel und Anbauten hinzu. Die heutigen Gauben waren noch gar nicht üblich.

43

Das Reetdach des uthländischen Hauses ist tief herunterge-
zogen, damit es gut isoliert. Deshalb sind auch die Fenster
und Türen dieses Hauses niedrig. Die Sage scheint es jedoch
besser zu wissen und erklärt es anders:
Alte, niedrig gebaute Häuser auf Sylt stammen aus der Zeit
des dänischen Königs Gotrik. Ihm gefiel es gar nicht, daß die
steifnackigen Friesen so wenig Achtung vor der Obrigkeit
hatten. Um sie an Gehorsam und Untertänigkeit zu gewöh-
nen, befahl er, die Türen ihrer Häuser im Norden anzulegen
und so niedrig zu machen, daß sie sich beim Hinausgehen
jedesmal nach Norden bücken und vor seiner königlichen
Residenz in Kopenhagen tief verneigen mußten. Die Friesen
waren tatsächlich steifnackig und brachten an der Ostseite
ihres Hauses eine höhere Ebbertür oder Obertür an, durch
die sie erhobenen Hauptes gehen konnten, ohne sich bücken
zu müssen. Wer aber die Nordtür öffnete, ging rückwärts
hinaus.

Wie der Grütztopf ins nordfriesische Wappen kam

Das Wappenschild zeigt Krone, Grütztopf und halben Adler
auf rotem, blauem und goldenem Grund. Form und Farben
dieses nordfriesischen Wappens sind umstritten. Seine
Entstehung ist nicht ganz geklärt. Es soll auf einer Fahne
während der Zusammenkunft der Friesen in Bredstedt am
10. Juni 1844 erstmals gezeigt worden sein. Der Adler ist
schon vorher als Wappen von friesischen Geschlechtern verwendet worden, insbesondere von denen, die zum Richter-
amt befähigt waren und als kaiserliche Beamte galten.
Wie der Adler ins nordfriesische Wappen kam, darüber gibt

die Sage Auskunft: Kaiser Sigismund begehrte die nordfriesischen Harden oder Verwaltungsbezirke zu Reichslehen. Einer Abordnung aus Nordfriesland schlug er listig vor, den Reichsadler in ihr Wappen aufzunehmen. „Nä", entgegneten die Friesen in plattdeutsch, „dann seggt uns' Lüd, jem sind man half klook". Der Kaiser spürte ihren Widerstand und schlug einen Kompromiß vor: „Dann nehmt den halben!" Somit war die Lehnsfrage erledigt, und der halbe Reichsadler kam ins nordfriesische Wappen. Wie aber kam der Grütztopf hinein?

Die Friesen kämpften einst mit den Dänen. Das Kriegsglück war jedoch nicht auf ihrer Seite. Ihre Schlachtreihen kamen in Unordnung, lösten sich auf und flohen zurück ins Lager, wo die Friesenfrauen gerade Brei kochten. Als die Frauen ihre Männer so feige zurückweichen sahen, wurden sie zornig und zugleich wagemutig. Kurzentschlossen holten sie die Grütztöpfe vom Feuer, liefen dem Feind entgegen und bewarfen die Dänen mit dem heißen Brei. Zuerst lachten die Dänen über die weiblichen Krieger. Als ihnen aber die heiße Grütze im Gesicht klebte, wurden sie vor Schmerz mutlos und wichen zurück. Von ihren Frauen angestachelt, lebte die Kampflust der Friesen wieder auf und sie vertrieben die Dänen. Später hieß es, die Friesenfrauen haben die Dänen mit dem Grütztopf in die Flucht geschlagen. Ihre Männer nahmen aus Dankbarkeit den Grütztopf in ihr Wappen auf. Mit dieser Sage sind die Heraldiker, die sich ernst und wissenschaftlich mit der Wappenkunde beschäftigen, gar nicht einverstanden. Ihr Zutrauen zur Kampflust der Frauen ist offenbar nicht groß. Sie meinen, der Grütztopf im nordfriesischen Wappen ist als Volkssage zwar lebendig, aber als Symbol ist er bedeutungslos und eher sentimental. Lediglich den Adler anerkennen die nüchternen Sachkenner, weil er als Wappenbild schon in Geschlechterzeichen verwendet wurde und nachweisbar in der Vergangenheit eine Rolle gespielt hat. Indessen sehen sie Grütztopf und Kaiserkrone besser ersetzt durch Schiff und Pflug, denn diese Symbole kennzeichnen die Nordfriesen deutlich als Seefahrer und Bauern.

Hengist und Horsa

Die Brüder Hengist und Horsa, einst Stammesführer ihrer sylterfriesischen Landsleute, gerieten mit anderen Häuptlingen auf ihrer Heimatinsel in Streit. Obwohl sie viele Anhänger hatten, beschlossen sie eines Tages, Sylt mit einer kleinen Schar Getreuer zu verlassen. Sie wollten ihr Glück in England versuchen und stachen mit drei Langschiffen vom Hafen Wenningstedt aus in See. Der englische König Vortigern nahm sie freundlich auf, denn sie kamen als friedliche Einwanderer. Er klagte ihnen seinen Ärger mit den Pikten und Schotten, die häufig auf ihren Raubzügen das Königreich Britannien bedrohten. Der schlaue Hengist, begierig darauf, wie einst wieder Macht und Einfluß zu gewinnen, sagte dem König seine Hilfe zu. Der durchschaute dessen Pläne nicht und vertraute dem Friesen. Er bot ihm die Insel Thanet, heute ein Teil der Grafschaft Kent, als Siedlungsgebiet an. Der eifrige Hengist wollte jedoch mehr und stellte dem König in Aussicht, zum Schutz von Britannien eine Schar von tapferen und streitbaren Männern in Nordfriesland anzuwerben und herüberzuholen.

Hengist fuhr nach Nordfriesland zurück und setzte hier eine kleine Streitmacht zusammen. Zuerst schickte er 11 Schiffe auf die Reise. An Bord war auch seine Frau mit Sohn und Tochter. Später ließ er 40 Schiffe mit Kriegern nachfolgen. Bald war sein Heer in England kampfbereit. Er veranstaltete zu Ehren des Königs eine Parade und gab ihm ein Gastmahl, an dem die blonde Tochter von Hengist teilnahm. Der König verliebte sich in sie und begehrte sie zur Frau. Die Hochzeit wurde prunkvoll gefeiert. Zum Dank gab er den Friesen das nördliche England zur Besiedlung.

Von ihrem neuen Wohngebiet aus gingen die Friesen gegen die Pikten und Schotten vor und breiteten ihre Herrschaft immer weiter aus. Gortenir, des Königs Sohn aus erster Ehe, mißfiel das Machtstreben von Hengist. Gegen ihn und seinen Bruder mobilisierte er das englische Heer und erschlug Horsa mit vielen anderen Friesen im Kampf. Hengist sann nun auf Rache. Da starb plötzlich Gortenir, und der hilflose und einfältige König ging mit dreihundert Edlen seines Hofes in eine Falle, die Hengist ihm gestellt hatte. Die Hofleute ließ der machthungrige Friese umbringen. Der König mußte jedoch sein Leben teuer erkaufen und an Hengist alle Städte und Länder seines Reiches abtreten. So herrschte Hengist lange Zeit als König von Britannien.

Pidder Lüng

Der südliche Teil von Sylt, auch als Halbinsel Hörnum bezeichnet, besteht wie das nördliche Listland großteils aus Sandbergen, den Dünen. Eine Erhebung hat den Namen Budersand, benannt nach den Buden oder Erdhütten, die einst dort an einer Meeresbucht standen und von Hörnumer Fischern bewohnt wurden. Diese Fischerhütten sollen auch Strand- und Seeräubern als Unterschlupf gedient haben. Zusammen mit anderen Fischern hatte sich im Dünental an der Fischer- und Seeräuberbucht des Buder Jakob Lüng mit seiner Braut Kressen Jakobs angesiedelt. Kressen war dort lange Zeit die einzige Frau. Das Tal wurde nach ihr Kressen-Jakobs-Tal genannt. Dem Paar wurde als einziger Sohn Pidder geboren. Unter rauhen Seeleuten wuchs Pidder Lüng auf. Auch er wurde ein tüchtiger Seemann und Fischer. Aber er war anders als seine Landsleute, noch stiller und verschlossener. Er hing gern seinen eigenen Gedanken nach. Niemand ahnte, welche Kräfte in ihm schlummerten und wozu er berufen war.

Das Leben der Hörnumer Fischer jener Zeit war armselig, karg und entbehrungsreich. Der Fischfang allein machte sie nicht satt. Schmalhans war ihr Küchenmeister. Auch die Erträge aus dem Strandgut reichten nicht aus. Deshalb fiel es ihnen schwer, die von ihnen geforderten staatlichen Abgaben zu zahlen. Lange schon fällige Steuern konnten sie oft gar nicht begleichen. Sie hofften darauf, daß der Amtmann des dänischen Königs seine Forderungen nicht mit Gewalt eintrieb und die Insel nicht selbst aufsuchte, denn der Weg vom Festland nach Sylt war zeitraubend und beschwerlich. Wegen ihres abseits gelegenen Wohnorts wiegten sich die Sylter in größerer Freiheit als andere Bewohner in Nordfriesland. Eines Tages jedoch sahen sie sich darin getäuscht, als der Amtmann von Tondern, Henning Pogwisch, seinen Sohn mit einer Schar Soldaten nach Hörnum schickte, um die Steuergelder zu holen.

Der alte Jakob Lüng, seine Frau und Pidder hatten sich gerade an den Tisch gesetzt, um Grünkohl zu essen. Eine bessere Mahlzeit konnten sie sich nicht leisten. Da öffnete sich die Tür, und der vornehm gekleidete junge Pogwisch trat grußlos herein, begleitet von dem allen Hörnumern verhaßten Priester Gorrig und zwei Vögten, dem Land- und dem Strandvogt. Der Junker fuhr die drei barsch an: „Wohnt hier das Gesindel, das Gott und Obrigkeit trotzt? Ich komme im Namen meines Vaters, des Amtmanns von Tondern, und des dänischen Königs, um die unbezahlten Steuern zu holen." Pidder Lüng war bei diesen Worten auf seinem Stuhl ruhig sitzengeblieben. Als aber der übermütige Pogwisch hustete und in seiner Aufregung in die Kohlschüssel spukte, war die Geduld des Friesen zuende. Nun sprang er wutentbrannt auf, packte den Junker, schrie „Wer in den Kohl spukt, der soll ihn selber fressen" und drückte mit eisernem Griff dessen Kopf so tief und lange in den heißen Grünkohl, bis er erstickte. Währenddessen schlugen die anderen Hörnumer Fischer die fremden Krieger und Diener mit stacheligen Rochenschwänzen in die Flucht.

Die Leiche des jungen Pogwisch schafften die Hörnumer nach Rantum. Diener des Amtmanns holten sie von dort ab und nahmen an, den jungen Herrn habe der Schlag getroffen, denn sein Körper zeigte keine Verwundungen. Doch das Gerücht vom Mord an seinem Sohn erreichte den Vater, obwohl die beiden Sylter Vögte darüber geschwiegen hatten. Um den Tod seines Sohnes zu rächen, schickte der Amtmann seine Söldner nach Sylt. Indessen hatten sich Pidder Lüng und die anderen Rebellen auf Schiffe geflüchtet. Sie waren nun vogelfrei und hatten keinen gesetzlichen Schutz mehr. Die geflohenen Hörnumer Fischer trafen sich mit Leuten von Husum und Nordstrand, die gleichfalls gegen den dänischen König rebelliert hatten und außer Landes gehen mußten. Fortan trieben sie sich unter Führung von Pidder Lüng umher, lebten vom Fischfang, von Strand- und Seeraub und griffen insbesondere dänische Schiffe an, weil der König von Dänemark sie für vogelfrei erklärt hatte. Deswegen nannten sie sich

> Der Dänen Verheerer,
> der Bremer Verteerer,
> der Holländer Krüz und Beleger,
> der Hamburger Bedreeger.

50

Ähnlich wie die Seeräuber Klaus Störtebeker, Godeke Michels und die Vitalienbrüder waren die Lüng-Leute Liikedeeler, nämlich Seeräuber, die ihre Beute zu gleichen Teilen untereinander aufteilten. Sie kannten in der Nordsee jeden Schlupfwinkel, jede schützende Bucht, jedes Tief und jede Sandbank. Ihre wichtigsten Stützpunkte waren Helgoland und Hörnum. Im Sommer führten sie ihre Beutezüge in der Nordsee. Wenn im Herbst und Winter die Stürme übers Meer rasten und das Treibeis im Wattenmeer sie vor Verfolgern schützte, zog es die Verbannten und Heimatlosen zurück ins Kressen-Jakobs-Tal am Buder. Dort besserten sie ihre Schiffe aus und schmiedeten Pläne fürs nächste Kampfjahr. Wenn bei ihren nächtlichen Trinkgelagen ihre Fröhlichkeit den Höhepunkt erreichte, sangen sie ihr Kampf- und Trutzlied:

Frei ist der Fischfang,
frei ist die Jagd,
frei ist der Strandgang,
frei ist die Nacht,
frei ist die See, die wilde See
und die Hörnumer Reede.

Ein Hurra dem Burschen!
Hat er kein Land,
hat er doch Freiheit,
Fische und den Strand.
Sein ist die See, die wilde See
und die Hörnumer Reede.

Das Kriegsglück war nicht immer auf Pidder Lüngs Seite. Seine Leute verwilderten allmählich. Die Fischer verloren bald jedes Gefühl für Recht und Unrecht. Sie verwechselten Zügellosigkeit mit Freiheit. Strand- und Seeraub, anfangs Mittel zum Zweck, wurden Selbstzweck. Daher fürchteten sich sogar ihre Landsleute vor ihnen. Sie wurden ihrer Heimat entfremdet. Eines Tages überlistete sie der schlaue Strandvogt Erk Mannis. Er lud sie zu Tisch, bewirtete sie reichlich mit Wein, bis die Seeräuber betrunken auf der Diele lagen. Bewaffnete Männer aus Westerland und Tinnum umstellten das Haus und nahmen die Seeräuber und Pidder Lüng, der die List des Strandvogts zu spät durchschaut hatte, gefangen. Vom Sylter Rat, dem Volksgericht, wurden die Rechtsbrecher zum Tode verurteilt. Pidder Lüng wurde auf dem Galgenhügel bei Munkmarsch hingerichtet. Sechs seiner Männer starben mit ihm. Nur einen Knaben ließ man wegen seiner Jugend laufen. Er rächte später den Tod seiner Genossen, indem er das Haus des Strandvogts in Brand steckte.

Die Sage von Pidder Lüng hat der Inselchronist C.P. Hansen in seiner Sagensammlung überliefert. Daraus entnahm der Dichter Detlev von Liliencron den Stoff zu seiner Ballade Pidder Lüng, die den Namen der Insel und seines Rebellen in die Weltliteratur einführte. Er hat als Kehrreim in seiner Ballade jenen friesischen Wahlspruch übernommen, den C.P. Hansen seinem Buch voranstellte: Lewwer duad üs Slav – Lieber tot als Sklave. Diese Parole entstand jedoch erst um 1840, dreieinhalb Jahrhunderte nach den Lebzeiten von Pidder Lüng. Historisch ist über diesen Helden nichts belegt, wohl aber über den Amtmann Henning Pogwisch, der 1470 in sein Amt eingesetzt worden ist. Zusammen mit seinen

Söhnen führte er ein so tyrannisches Regime, daß der König von Dänemark ihn schon 1479 wieder absetzte und vertrieb. Pidder Lüng aber blieb bis heute der gefeierte Held in der noch lebendigen Volkssage, das Symbol des Widerstands gegen die zu allmächtige staatliche Obrigkeit. Wie auch immer er gelebt haben mag: die Sage und vor allem die Ballade von Liliencron haben ihn unsterblich werden lassen.

Der Dikjendälmann

Das Treiben der Strandräuber an der Sylter Westküste hatte einst überhand genommen. Sogar ehrliche Sylter hatten sich wegen der Aussicht auf leichte Beute dazu hinreißen lassen. Um Schiffe in Sturmnächten auf den Strand zu locken, schreckten sie nicht davor zurück, falsche Lichtzeichen zu geben. Oft wurden Schiffbrüchige ausgeraubt und erschlagen. Lange Zeit traten rechtschaffene Sylter vergeblich gegen solche Untaten auf.

Über ein Verbrechen der Strandräuber weiß die Sage noch heute zu erzählen. Es soll in der Weihnachtsnacht des Jahres 1713 nahe dem Dünental Dikjendäl südlich von Westerland geschehen sein. In jener Sturmnacht strandete dort das Schmackschiff des Archsumer Schiffers Manne Tetten. Er hatte einige Jahre zusammen mit mehreren Sylter Landsleuten im Dienst der dänischen Marine gestanden und war nun auf der Heimreise. Die Besatzung ertrank, aber Manne Tetten erreichte lebend den Strand, seine Geldkiste unterm Arm. Strandräuber hatten die Strandung beobachtet. Mit ihren Knüppeln erschlugen sie den Schiffbrüchigen, verscharrten ihn im Sand und nahmen die Kiste an sich. Doch der rechte Arm des erschlagenen Seemanns grub sich durch den Sand und ragte anklagend in die Höhe. Eine Schafhüterin entdeckte ihn und verbreitete die Kunde vom Strandmord. Da hieß es, der Geist des Ermordeten, der Dikjendälmann, ging mit erhobenem Arm umher. Die Strandräuber wagten sich nicht mehr in diese unheimliche Gegend.

Die Mörder wurden zwar nicht gefunden. Doch der Verdacht fiel auf zwei Brüder, die bald nach der Tat in den Dünen von Westerland neue Häuser errichteten, obwohl sie nie Geld besessen hatten. In stürmischen Nächten wurden sie durch eine bleiche Hand erschreckt, die sich am Fenster zeigte. Der Spuk wiederholte sich so oft, daß die Brüder schließlich von der Insel flohen. Die drohende Hand soll dem Strandinspektor Lorenz Petersen de Haan gehört haben. Der ehemalige Grönlandkommandeur war damals mit der Ordnung des Sylter Strand- und Dünenwesens beauftragt. Er hat energisch und erfolgreich seine Aufgabe bewältigt, so daß fast alle Strandräubereien unterblieben und künftig den Schiffbrüchigen geholfen wurde. Einmal hat Lorenz Petersen de Haan bei einem Raubmord doch die Augen zugedrückt. Dafür muß er noch heute am Strand umherirren. Aber in der Nacht hilft er den Schiffbrüchigen, weckt die Strandvögte auf und teilt an die Strandläufer Ohrfeigen aus, damit sie nicht fremdes Gut an sich nehmen.

Der Himmel ohne Sylter

Die Ermordung des Schiffbrüchigen Manne Tetten nahe dem Dünental Dikjendäl blieb nicht ohne Folgen: Künftig wurden Sylter nicht mehr in den Himmel aufgenommen. Gleichwohl baten sie oft um Einlaß. Petrus aber blieb hart und verwehrte ihnen den Eintritt. Eines Tages jedoch war ein Wächter des Himmelstors nicht aufmerksam genug. Auf Klopfen hatte er die Tür geöffnet. Da standen drei Sylter vor ihm, setzten ihre Stiefel zwischen Tür und Angel und drangen laut lärmend ein. Petrus war deswegen beunruhigt und befürchtete, die Friesen würden sich auch im Himmel so wie zu ihren Lebzeiten auf der Insel verhalten, nämlich Karten spielen, eingeschmuggelten Rum trinken und sich auf Hochzeiten und anderen Festen prügeln. „Wie werden wir die drei von Sylt wieder los?" fragte Petrus seine Helfer. Indessen brauchte er keine Hilfe, denn er hatte selbst eine Idee. Er öffnete das Himmelstor und rief sylterfriesisch: „Skep üp Strön!" (Schiff auf Strand!). Hastig warfen die Sylter ihre Karten und Trinkgläser weg und stürzten aus dem Himmelstor. Die Türschließer verriegelten es sofort. Angeblich soll es bis heute für Sylter verschlossen sein.

Tabakskrieg in Hörnum

Wer am Sylter Weststrand entlangläuft, wird auf der Suche nach Strandgut selten enttäuscht. Immer findet er etwas, das aufzuheben und zu betrachten sich lohnt, beispielsweise Gehäuse von Schnecken und Muscheln, Seesterne, auch schöne Steine und manchmal sogar Bernstein. Leider liegen auch häufig Müllreste, Behälter aus Kunststoff, Glas und Holz und vieles andere am Strand, was von Schiffen über Bord geworfen wird. Von der früheren Fülle an wertvollen Strandgütern kann man sich kaum noch ein Bild machen. In alten Strandungsprotokollen wird über solche Funde ausführlich berichtet. Auch die Sage hat vom Strandsegen in alter Zeit Notiz genommen.

Der Hörnumer Strand ist einmal mit Tabak reichlich gesegnet worden. Im Jahr 1839 strandete an der Südspitze von Hörnum eine mit Tabak beladene Brigg aus Bremen. Die Mannschaft konnte sich an Land retten. Tagelang irrte sie in der Dünenwildnis der südlichen Halbinsel umher, ohne Hilfe zu finden. Doch hatten Bewohner der Nachbarinsel Amrum die Strandung beobachtet und retteten die Schiffbrüchigen vor Durst und Hunger. Freilich begannen die hilfreichen Amrumer auch mit der Bergung der Tabakladung. Auf kleinen Booten transportierten sie die Kisten und Ballen auf ihre Insel. Den Sylter Strandvogt benachrichtigten sie nicht.

Den lebhaften Bootsverkehr der Amrumer nach Hörnum bemerkten die Sylter erst nach einigen Tagen. Mit einem Fernrohr entdeckten sie ihn von Morsum aus. Sogleich machten sich Landvogt, Strandinspektor und Strandvogt auf den Weg. Als sie ihr Bergungsrecht geltend machten und die Fremden vertreiben wollten, richteten sie nichts aus. Die

Amrumer kümmerten sich nicht um die Sylter Obrigkeit, verluden weiter den Tabak und wiesen auf ihr Recht hin, nachdem sie bereits die Mannschaft und einen großen Teil der Ladung geborgen hatten. Die Sylter waren in der Minderzahl und zogen sich zähneknirschend zurück. Sie riefen aber Männer aus allen Dörfern zusammen, um gegen die Amrumer vorzugehen. Rund 200 Sylter brachen mit Knüppeln und Mistforken nach Hörnum auf.

Die Amrumer sahen rechtzeitig die Sylter Übermacht heranstürmen, beluden rasch nochmals ihre Boote und flohen, so daß ein Kampf in diesem Tabakskrieg nicht zustandekam. Die Sylter, denen nur ein kleiner Teil der Tabakladung in die Hände fiel, klagten bei der Regierung. Das Urteil fiel jedoch anders als erwartet aus. Die Amrumer erhielten ein Lob, weil sie die Schiffbrüchigen gerettet hatten. Dagegen wurde der Rantumer Strandvogt gerügt und entlassen, weil er die Strandung nicht früh genug bemerkt hatte. So behielten die Amrumer den Tabak und die Sylter hatten zum Schaden noch den Spott.

Der Strumpfkrieg

Als die Sylter noch nicht vom Fremdenverkehr so flott wie heute lebten, sondern ihr Brot großteils mit der Seefahrt mühsam und gefahrvoll verdienen mußten, waren die Männer die längste Zeit des Jahres auf See unterwegs. Sie kamen meistens erst im Herbst zurück. Während ihrer Abwesenheit besorgten die Frauen die landwirtschaftlichen Arbeiten, insbesondere die Heu- und Kornernte sowie das Dreschen. Von Mai bis September, manchmal sogar bis Oktober gingen sie und die Kinder barfuß. Im späten Herbst begann die Strumpfzeit. Dann wurden Strümpfe und Socken hervorgeholt, gereinigt, ausgebessert und schließlich zum Auslüften und Trocknen aufgehängt.

Die selbstgestrickten Wollstrümpfe und andere Winterwäsche der Sylterinnen hingen einmal an einem Herbsttag wieder auf der Leine. Da landeten 200 Seeräuber, die wußten, daß die Sylter Männer nicht zuhause waren. Sie zogen deswegen am hellen Tag plündernd über die Insel. Die Frauen waren gerade auf Fischfang. Sie fingen Schollen im Wattenmeer. Überall fanden die Eindringlinge die Türen offen und die Häuser menschenleer. Sie rissen die Strümpfe und Wäsche von den Leinen und nahmen auch sonst noch einiges mit. Bei ihrer Heimkehr bemerkten die Sylter Frauen den Diebstahl und wurden wütend. In Windeseile verbreitete sich die Nachricht von dem Raub. Aus allen Dörfern liefen die Frauen zusammen. Sie waren mit Heu- und Mistgabeln, Dreschflegeln, Sensen, Spaten, Schwertern und Stangen bewaffnet. Schließlich waren fast 800 zornige Sylterinnen zusammengeströmt, um die 200 Seeräuber zu verfolgen und ihnen die Beute abzujagen. Sie stellten sie nordöstlich von Tinnum in einer wütenden Schlacht. Auf beiden Seiten entstanden große Verluste. Aber die Sylterinnen siegten. Das Schlachtfeld, auf dem wegen der gestohlenen Strümpfe so heftig gekämpft wurde, heißt noch heute Hööskamp, Strumpffeld.

Die keusche Sylterin vom Budersand

In den inzwischen längst versandeten Fischerhafen Renning am Budersandberg bei Hörnum fuhren einst schwedische Seeräuber mit ihren Schiffen ein. Dort standen die Buden oder Erdhütten der Sylter Fischer, seitdem ab etwa 1425 die Heringsschwärme von Südschweden aus an den Küsten Jütlands und Sylts entlang bis nach Helgoland und in die Mündungsgebiete von Elbe und Weser zogen. Die Hörnumer Fischer waren gerade zum Fang unterwegs, als die Schweden am versteckten Ankerplatz in der Bucht ihre Schiffe festmachten und an Land gingen. Nur zwei junge Mädchen waren in der Siedlung zurückgeblieben. Sie waren damit beschäftigt, die letzte Fangbeute der Fischer zu reinigen und einzusalzen. Da bemerkten sie die grölende Schar der gelandeten und herannahenden Seeräuber. Die Mädchen schrien erschreckt auf, ließen die Arbeit liegen und begannen sofort die Flucht in die Dünen. Sie hatten von der Brutalität und Gier der Seeleute gehört, fürchteten um ihre Jungfernschaft und wollten sich vor den Gewalttaten dieser Männer retten. Die beiden Mädchen hasteten nordwärts durch die Sandberge, verfolgt von der wilden Seeräuberhorde. Eine erreichte außer Atem das Dorf Nieblum, das einstmals südwestlich vom heutigen Rantum lag, und war gerettet. Die andere Jungfrau konnte nicht so schnell laufen, war rasch ermüdet und sah die lüsternen Verfolger näherkommen. Bald wurde ihr bewußt, daß sie sich zu entscheiden hatte, entweder ihre jungfräuliche Ehre hinzugeben und sich schänden zu lassen oder sich im Meer zu ertränken. Bis auf wenige Schritte waren die Räuber an sie herangekommen. Schon glaubten sie, ihre Beute sicher in Händen zu haben. Da wandte sich das

Mädchen mit letzter Kraft der See zu, stürzte hinein und versank vor den Augen der enttäuschten Männer in der Tiefe.

Die treue Ose aus Wenningstedt

In einem Bauernhaus im Nordwesten des Dorfes Wenningstedt wohnte einstmals ein fleißiger Landwirt. Seine Heu- und Kornernte brachte er in jedem Jahr rechtzeitig und glücklich unter Dach und Fach. Dabei halfen ihm vor allem dänische Tagelöhner aus dem Norden, von Röm, Fanö, Jütland und aus dem nördlichen Teil Schleswigs, die an Fleiß und Zuverlässigkeit den Sylter Friesen überlegen gewesen sein sollen. Stets gab der Bauer denen, die ihm bei der Landarbeit geholfen hatten, zum Dank einen Ernteschmaus. Eines Tages waren wiederum die Erntehelfer zum Fest in sein Haus eingeladen. Speisen und Getränke standen reichlich auf dem Tisch. Einige Gäste griffen zu oft und hastig nach dem Bier und Branntwein, so daß ein heftiger und lauter Streit entstand. Nachdem das Feuer geschürt war, kam es zu einer Schlägerei, an der sich auch der Bauer beteiligte. Jähzornig und gereizt schlug er einem Streitenden mit roher Faust so grob auf den Schädel, daß der Mann niederfiel und tot liegenblieb. Als der Landwirt zur Besinnung kam, waren Zorn und Kampfeslust gewichen. Er war erschrocken über das Geschehene und floh aufgeregt aus dem Haus. In den folgenden Tagen suchte man ihn überall vergebens. Es hieß, er wäre von der Insel gegangen, um der Justiz zu entkommen. Seine Frau Ose hatte die Mannbuße zu zahlen, die Sühne für den Totschlag, die die Angehörigen des Erschlagenen erhielten. Um das Geld zu beschaffen, verkaufte sie einen Teil des Landbesitzes. Dennoch konnte sie den Hof halten und brachte sich und die Kinder mit ihrer Arbeit durch.

Viele Jahre vergingen, ohne daß man von dem entflohenen Totschläger etwas hörte. Sein Name und seine Taten schienen fast vergessen zu sein. Da entstand das Gerücht, die unbescholtene Ose, die Frau des Bauern, erwarte Nachwuchs. Die neugierigen Leute zerbrachen sich den Kopf darüber, wer wohl der Vater sei. Sie gaben sich erst zufrieden, als sie die Wahrheit herausgefunden hatten. Der Mörder hatte Sylt gar nicht verlassen. Seit jenem unglücklichen Erntefest hatte er sich in einer Höhle inmitten der Wenningstedter Dünen versteckt und war dort von seiner Frau zehn Jahre lang mit Nahrung versorgt worden. In großer Treue hatte sie zu ihrem Mann gehalten. Nun war man allgemein der Meinung, er habe genug gebüßt. Zudem hatte das aufopfernde Verhalten seiner Frau jede bittere Erinnerung an sein Unrecht beschwichtigt. Der Wiedergefundene wurde erneut in die Gemeinschaft aufgenommen. Zum Andenken an die Liebe und Treue seiner Frau trägt das Dünental, in dem der Bauer so lange verborgen gelebt hatte, bis heute den Namen Osetal.

Moiken Peter Ohm

Die kluge und anmutige Tochter Moiken des Keitumer Kapitäns Peter Ohm hatte sich in den Seemann Paul Cornelsen Lund verliebt. Der junge Mann, schlank und dunkelhaarig, unterschied sich in mancher Hinsicht von seinen Altersgenossen. Er war nicht so derb wie sie und verstand es,

schwungvoll die Geige zu spielen. Für Moiken waren es glückliche Stunden, wenn sie mit Paul allein im Dunkeln unter der Haustür stehen durfte, plaudernd und scherzend. Das Paar schien sich einig zu sein, und Moiken betrachtete sich als Braut. Aber Paul Cornelsen Lund gehörte zu denen, die wie ein Schiff mit breiter Bugwelle durchs Leben fahren. Er hatte auf seinen letzten Seereisen schon allerhand verdient. Das Geld legte er nicht auf die hohe Kante, sondern verpraßte es in Großmannssucht. Bei seinen Landsleuten kam er bald in den Verruf und galt als Undöögt, als Taugenichts.
Moiken hielt treu zu Paul, obwohl er auch anderen Mädchen nachstellte. Die Sylter Burschen verpaßten ihm eines Nachts einen Denkzettel im Namen der ganzen Dorfgemeinde, indem sie ihn mit Gewalt zum Fuß des Roten Kliffs verschlepp-

ten und dort liegenließen. Paul verstand den Sinn dieser Warnung, des Trakkin, dieses alten Sylter Brauchs, über den er hier und da etwas gehört hatte. Er nahm jedoch an, daß er längst ausgestorben wäre. Trotzdem besserte er sich nicht, suchte weitere Liebesabenteuer und verhinderte gleichzeitig in seiner Eifersucht, daß andere Freier sich Moiken zuwandten. Nach einem Streitgespräch mit Moiken verließ er wütend Braut und Insel und schwor in seinem Übermut, Sylt nicht wieder betreten zu wollen.

Vergeblich hoffte Moiken Peter Ohm auf die Rückkehr ihres Bräutigams. Paul ließ nie wieder von sich hören. Er fuhr als Seemann über alle Meere, besuchte viele Länder und Seestädte, kam auf seltsame Wege und Abwege und machte seine Erfahrungen. Die verlassene Braut wurde unterdessen wegen seines Wegbleibens seelisch krank und schwermütig. Nach 22jähriger Abwesenheit faßte Paul Cornelsen Lund in seinen alten Tagen doch den Entschluß, seine Heimatinsel nochmals aufzusuchen. Nach einem langen, erschöpfenden Fußmarsch auf dem Eis über Watten und Priele vom Festland nach Sylt näherte er sich im Januar 1815 der Insel. Aber nur wenige hundert Schritte vor seinem Ziel blieb er außerhalb der Sylter Ostspitze bei Nösse ermattet und erfroren liegen. Er erreichte die Heimat nicht mehr, und sein Schwur bewahrheitete sich.

Viele Jahre nach Pauls Tod wanderte Moiken als alte Frau, geistig umnachtet und wahnsinnig, jeden Morgen zur Landvogtei in Tinnum, um sich dort nach ihrem einstmaligen Geliebten, Paul Cornelsen Lund, zu erkundigen, auf dessen Rückkehr sie noch immer wartete. Erst 1832 wurde die Unglückliche von ihren geistigen und körperlichen Leiden erlöst.

Ellen Mannis nimmt ein Sonnenbad

Als ein Sylter einmal in die Schweiz reiste und dort einen Kreis fröhlicher Eidgenossen kennenlernte, wurde er gefragt: „Sie kommen von der Insel Sylt? Warum sind Sie nicht nackt gekommen?" Offensichtlich steht Sylt auch in der Schweiz in dem Ruf, die Insel der Nackten zu sein. Tatsächlich bevorzugen heute fast 70 Prozent der Sylter Feriengäste die Nacktbadestrände. Mehr als acht Prozent reisen nur deswegen auf die nordfriesische Urlaubsinsel.

Dabei ist das Nacktbaden keineswegs eine Erfindung der Kurgäste. Die Sylter selbst waren es, die schon um die Mitte des vorigen Jahrhunderts als erste „oben und unten ohne" ins Meer stiegen. Ein damals in Westerland praktizierender Badearzt empfahl aus gesundheitlichen Gründen: „Unter allen Umständen bade man ohne Kleider!" Diesen Ratschlag des Arztes wird die Rantumerin Ellen Mannis sicherlich gar nicht gekannt haben. Dennoch nahm sie eines Tages ein Sonnenbad am Strand von Rantum. Vermutlich war sie die erste „Abessinierin". Und das geschah so:

Am Weststrand waren südlich von Westerland Butterfässer angetrieben. Der Strandvogt bemerkte diese Strandgüter rechtzeitig und hatte alle Hände voll zu tun, die Fässer zu bergen und sie vor dem Zugriff der Strandgänger zu retten. Aber Ellen Mannis hatte ein Faß entdeckt und war gerade dabei, ihre unrechtmäßige Beute in einem Dünental bei Rantum zu verstecken, um sie im Schutz der Nacht heimzuholen. Da tauchte der Strandvogt in der Ferne auf und kam rasch näher. Ellen Mannis überlegte, ob sie flüchten sollte. Aber sie hatte einen listigen Einfall. Sie zog ihre Kleider aus und breitete sie über das Butterfaß aus. Der Strandvogt war nahe gekommen und hatte Verdacht geschöpft. Er traute sich jedoch nicht näher heran und blieb stehen, als die stramme Frau die letzte Hülle fallen ließ. Aus einiger Entfernung fragte er: „Was treibst du da?" Die wackere Ellen rief ihm zu: „Ich nehme ein Sonnenbad und schüttle die Läuse aus meinen Kleidern." Der Strandvogt zog sich verschämt zurück, und Ellen Mannis konnte später ihr Butterfaß in Sicherheit bringen.

Meerweiber

Die Seewiefken oder Meerweiber leben in der Nordsee und lassen sich nicht oft blicken. Einst wurde ein Meerweib am Sylter Weststrand während des hellen Tages gesehen. Die Frau kämmte ihre langen, gelben Haare und war schön anzuschauen. Sie war unbekleidet und hatte zwei Brüste weiß wie Schnee. Als einige Leute an den Strand kamen und sich neugierig näherten, bewegte sich das Meerweib schwerfällig ins Wasser. Unten hatte sie statt der Beine einen Fischleib mit Schuppen und einer Schwanzflosse. Sie sah sich mehrmals um, als sie angerufen wurde, und verschwand dann in den Wellen. Solche Meerweiber, halb Fisch, halb Mensch, sollen sehr wohlklingend singen können. Sie winken oft den Seeleuten zu und locken sie in die Tiefe. Wenn sie am Bug eines Segelschiffs auftauchen oder sich auf dem Wellenkamm zeigen, so ist ein Sturm nahe. Dann zieht der vorsichtige Schiffer alle überflüssigen Segel ein.

Bei Wenningstedt, am Fuß des hohen Westufers, des Roten Kliffs, trieb einst eine Meerfrau erschöpft an den Strand. Zwei Sylterinnen, die gerade zur Stelle waren, ergriffen sie, trugen sie nach Hause und setzten sie in die Badewanne.

Aber die Wasserjungfer schrie und weinte jämmerlich. Sie fühlte sich bei den Menschen gar nicht wohl. Deshalb befahl der mitleidige Strandvogt den beiden Frauen, das arme Wesen wieder ins Wasser zurückzubringen. Sonst wäre es bald kläglich verendet.

Hexen auf Sylt

Vor einer Hexe soll man sich bekanntlich in acht nehmen und von ihr nichts annehmen. Sonst gewinnt sie Macht über einen. Abergläubische sind davon überzeugt, gegen Hexen helfen am besten Dillsamen und Bilsenkraut oder Kirchhofserde, die man in der Tasche trägt. Und Leinsamen, zwischen Matratze und Laken ins Bett gestreut, sind ebenfalls als Schutzmittel empfohlen. Außerdem wird geraten, drei schwarze Kreuze an der Innenseite der Haustür anzubringen, eine Schere oder ein Hufeisen auf die Türschwelle zu nageln und, wenn eine Hexe kommt, einen Besen quer vor die Tür zu werfen. Dann kann keine böse Frau das Haus betreten.

Auf Sylt war der Glaube an Hexen und Hexerei lange lebendig. Daß hier der Aberglaube allgemein verbreitet war und Gespenster- und Hexengeschichten gern erzählt wurden, hat ein früher Besucher der Insel, Johann Friedrich Camerer, 1762 überliefert. Gerade in der wilden Dünenlandschaft der Insel fühlten sich die Hexen wohl und legten einige Tanzplätze für sich an, zum Beispiel am Buder, der hohen Düne bei Hörnum, und am Klöwenhoog zwischen Keitum und Tinnum. Eines Abends sind zu einem Tanzfest am Buder die Föhrer Hexen auf ihren Besen durch die Luft herübergeritten. Vor ihrer Rückreise verwandelten sie sich in Seehunde und schwammen zur Nachbarinsel zurück. Die Verwandlungskünste der Sylter Hexe Maren Taken aus Hörnum waren noch erstaunlicher. Sie konnte als eine Meerjungfrau erscheinen, dann als ein Schwan oder eine weiße Kuh, die vor den Schiffen herschwamm.

Einst wurden drei Sylter Frauen zu Hexen, weil sie ihren

Männern, die lange auf See unterwegs waren, mißtrauten und ihnen in allerlei Gestalten folgen wollten. Bald entdeckten sie die Untreue der Männer. Voll Zorn beschlossen sie, das Schiff zu versenken, auf dem die drei Seeleute fuhren, der eine als Kapitän und die beiden anderen als Steuerleute. Ihren Plan besprachen sie heimlich auf dem Schiff, als sie sich unbeobachtet fühlten. Aber der Schiffsjunge hatte alles mitgehört, auch die Frage der einen Hexe, ob sie sich nicht selbst bei diesem Vorhaben schaden würden. Die anderen jedoch meinten: „Nur wenn ein Unbescholtener uns mit ungebrauchten Waffen abwehrt, dann haben wir zu fürchten." Der aufmerksame Schiffsjunge dachte darüber nach, wie er den Angriff der Hexen abwehren könnte. In der stürmischen Nacht hielt er mit einem Degen in der Hand auf der Luvseite, aus der der Wind kräftig wehte, Wache, ging auf und ab und wartete. Da stürzten drei turmhohe, schneeweiße Riesenwellen auf das Schiff zu. Gewiß wäre es verloren gewesen, wenn nicht der Junge ihnen den Degen entgegengehalten hätte. Augenblicklich sanken die Wellen in sich zusammen, und an der Stelle, die der Degen berührte, färbten sie sich mit Blut. Nachdem das Schiff im Hafen von Hamburg unversehrt gelandet war, erfuhren der Kapitän und die beiden Steuerleute, daß ihre Frauen alle drei plötzlich erkrankt waren. Sie waren in derselben Nacht zu Schaden gekommen – so hörten sie –, als die drei Sturzwellen auf das Schiff zugekommen waren. Der Schiffsjunge erzählte ihnen, wie er das Gespräch belauscht hatte. Nun wußten die Männer, daß ihre Frauen Hexen waren. Sie beschlossen, ihr Leben künftig zu ändern, damit sie sich nicht neuen Gefahren aussetzten.

Der Meermann und der Schiffer

Einst segelte ein Schiff draußen auf der Nordsee. Anfangs war das Wetter heiter und die See glatt. Bald aber kam ein so heftiger Sturm auf, daß der Segler in Gefahr geriet. Da tauchte plötzlich dicht am Schiffsruder ein Meermann auf, halb Mensch, halb Fisch. Den Fischschwanz im Wasser haltend richtete er sich auf, rief laut und verlangte den Kapitän. Der war unerschrocken und fragte, was er denn wolle. Der Wassermann klagte, seine Frau sei in Kindesnöten, brauche zur Geburt eine Hebamme und habe deswegen große Unruhe und Lärm in ihrer Wohnung am Meeresboden hervorgerufen. Er bat den Schiffer, seine Frau, die an Bord war, der Gebärenden zur Hilfe hinunterzuschicken. Er versprach auch, sie ohne jede Gefahr wieder zurückzubringen. Der Kapitän wollte sich nicht darauf einlassen und lehnte ab. Der Meermann wiederholte seinen Wunsch und drohte, die See werde noch aufgeregter und Schiff und Besatzung würden im Orkan untergehen, wenn die Kapitänsfrau nicht helfe. Denn der Aufruhr des Meeres war nur eine Folge der Schmerzen und heftigen Bewegungen der Frau des Meermanns.
Nun kam die Frau des Kapitäns, die das Gespräch gehört hatte, an Deck und entschloß sich, dem Meermann zu folgen. Sie stieg zu ihm hinunter. Sofort legte sich der Sturm, die Sonne brach durch und der Segler setzte seine Fahrt in leichter Brise fort. Der Kapitän wartete einige Stunden auf die Rückkehr seiner Frau. Bei Sonnenuntergang kam sie wohlbehalten und mit einer Schürze voll Gold und Silber wieder zurück. Sie erzählte, daß die Geburt glücklich verlaufen war und die Meerfrau einen Meerjungen geboren hatte, nach der Meinung der Mutter so schön wie ein Engel, obwohl er wie

ein Seekalb aussah. Der Meermann hatte die Kapitänsfrau sicher zum Schiff zurückgeleitet, ohne daß ihre Kleider dabei naß wurden.

Ekke Nekkepenn und Inge von Rantum

Ekke Nekkepenn war der König der Meermänner. Mit seiner Frau Ran – steckt der Name vielleicht in Rantum? – wohnte er in einem Kristallpalast auf dem Grund des Meeres. Im Gegensatz zu anderen Meer- oder Wassergeistern konnten die beiden nicht nur halb Mensch, halb Fisch sein, sondern sie nahmen manchmal auch vollständig menschliche Gestalt an. Deshalb waren sie den Menschen ähnlicher als alle ihre Artgenossen. Vor allem war ihre Neugierde sehr groß. Oft waren sie vom Strand oder Schiff aus zu sehen, wenn sie ihre plumpen Köpfe eifrig spähend aus dem Wasser reckten. Ekke Nekkepenn war ein Weiberheld und stellte am Strand gern schönen Mädchen und Frauen nach. Seine griesgrämige und zänkische Frau Ran war jedoch eifersüchtig und behielt ihn am liebsten zuhause. Dort mußte er Salz mahlen. Dabei entstand im Wasser ein gefährlicher Sog oder Wirbel, der manchem Schiff zum Verhängnis wurde.

Eines Tages war Ekke Nekkepenn seiner Frau überdrüssig, denn sie wurde so faltig wie eine Walroßkuh. Er wollte jetzt um eine reizende Menschenfrau werben. Bei Hörnum ging er an Land in Gestalt und Kleidung eines jungen Schiffers. Am Abend begegnete ihm beim Küssetal, Taatjemglaat, ein junges, hübsches Mädchen, die blonde Inge von Rantum. Sogleich verliebte er sich in sie, benahm sich wie ein abend-

licher Sylter Freier, ein Halbdunkelbursche oder Halevjunkendreng, und sagte ihr schöne Worte. Das Mädchen wurde verlegen und fürchtete sich vor ihm. Aber er legte ihr eine goldene Kette um den Hals, steckte ihr einen goldenen Ring an den Finger und sprach: „Nun habe ich dich gebunden, nun bist du meine Braut." Inge von Rantum wollte es gar nicht, weinte und bat ihn, sie freizulassen. Kette und Ring gab sie jedoch nicht wieder zurück. Da sagte der Schiffer:

Ich mag dich, muß dich haben!
Magst du mich? Sollst mich kriegen.
Willst du nicht, kriegst mich doch.

Mittwoch haben wir Gelag.
Doch kannst du sagen, wie ich heiß,
dann bist du frei und meiner los.

Die Jungfrau wollte Zeit gewinnen, von ihm loskommen und versprach, ihm am nächsten Abend Bescheid zu geben. So ließ er sie gehen. Inge hoffte, inzwischen zu erfahren, wie der Mann hieß. Doch überall, wo sie fragte, kannte man ihn nicht. Am folgenden Abend ging das Mädchen wieder an den Strand und war traurig. Bei der Thorsecke von Hörnum hörte sie in der Düne jemand singen. Sie erkannte die Stimme ihres Freiers:

Heute soll ich brauen.
Morgen soll ich backen.
Übermorgen will ich Hochzeit machen.

Ich heiße Ekke Nekkepenn.
Meine Braut ist Inge von Rantum,
und das weiß niemand als ich allein.

Als sie es hörte, war Inge wieder froh und hoffnungsvoll. Sie eilte wie vereinbart zum Küssetal. Bald erschien dort der Freier. Sie rief ihm zu: „Du heißt Ekke Nekkepenn, und ich bleibe Inge von Rantum!" Schnell lief sie mit ihren goldenen Schmucksachen nach Hause.
Der Meermann war enttäuscht und seit der Zeit böse auf alle Rantumer. Er brachte ihnen Unglück und Schaden, wo er nur konnte. Nun ließ er seine Frau häufig Salz mahlen, wobei das Meer brauste und tobte. Der Mahlstrom zog einige Schiffe in die Tiefe. Da so viel Salz gemahlen wurde, ist die ganze Nordsee sehr salzig geworden. Kein Wunder, daß der Salzgehalt dieses Meeres heute noch so hoch ist.

Wiedergänger

Einst soll es Wiedergänger, auch Gunger oder Gonger genannt, gegeben haben, ruhelose Tote, die als Geister und Ge-
spenster zeitweise wieder erschienen. Insbesondere fand
derjenige keine Ruhe im Grab, der Land unrechtmäßig ab-
pflügte, Grenzsteine versetzte, einen Mord oder andere Ge-
waltverbrechen auf dem Gewissen hatte. Ebenso mußten
Gotteslästerer und Selbstmörder umgehen. Einem Gunger
durfte man nicht die Hand reichen. Sie verbrannte, wurde
schwarz und fiel ab.

In Keitum starb eines Tages eine Frau vor ihrer Entbindung.
Sie wurde ein Wiedergänger, ließ sich mehrmals beim Küster
sehen und kam erst zur Ruhe, als man ihr Schere, Nadel und
Zwirn ins Grab legte. Auf Sylt ist dieser Brauch lange Zeit
von Abergläubischen gepflegt worden. Auch ertrunkene
Seeleute sollen bisweilen als Wiedergänger in ihrem Heimat-
dorf auf der Insel aufgetaucht sein. Sie kamen in Seemanns-
kleidung, besuchten nur entfernte Verwandte und trugen
schwere Stiefel, die voll Seewasser waren und im Haus Pfüt-
zen hinterließen. Der Gunger kam so lange wieder, bis man
an seinen Tod glaubte.

Ein Wiedergänger bestieg einmal ein Schiff, auf dem ein
Sylter als Steuermann diente. Mitten auf der See kam er an
mehreren Abenden an Deck und näherte sich trübselig und
sorgenvoll mit bitterer Miene den Schiffsleuten, die ängstlich
zur anderen Seite auswichen. Sie ahnten nichts Gutes und
fragten sich gegenseitig: „Kennst du den Mann?" Zuerst sagte jeder nein. Dann aber meldete sich ein Matrose: „Ach, es
ist mein Vater, der während meiner Abwesenheit gewiß ge-
storben ist und mir nun etwas zu sagen hat." Nun forderten

alle ihn auf, den Wiedergänger zu befragen. Der Sohn unterhielt sich am nächsten Abend mit ihm. Welche Nachricht der Vater übermittelte, ist jedoch nicht bekannt.

Die Zwerge

Die Zwerge sollen die kleinrassige Urbevölkerung der Insel Sylt gewesen sein. Sie waren schmächtige Dämonen der Erde, wohnten in Höhlen und wurden Unterirdische genannt. Ihr König hieß Finn und regierte so lange über sein Volk, bis die nach Sylt eingewanderten Friesen, die Riesen oder Kämpen, als stärkere Rasse den Zwergenstaat bekämpften, vertrieben und schließlich besiegten. Die Unterirdischen sahen wie kleine Menschen aus. Ihr Kopf war jedoch ungewöhnlich groß. Sie hatten krumme Beine und dünne, lange Arme. Meistens trugen sie eine kurze rote Jacke und grüne Hosen. Auf ihrem Kopf saß eine rote oder weiße Zipfelmütze. Im Gürtel oder in der Tasche versteckten sie ein kleines Messer. Es wird auch erzählt, daß einige Zwerge eine Nebelkappe besaßen, die sie für Menschen unsichtbar machte. Die Vettern der Unterirdischen waren die Haus- und Poltergeister, die Puken, und die Schiffsgeister oder Klabautermänner.
Die Unterirdischen waren immer fleißig. In ihren Wohnungen unter kleinen Hügeln, in Steinkammern oder unter Häusern fertigten sie kunstvoll Werkzeuge aus Stein und Eisen sowie Schmiede- und Töpferarbeiten in Form von Röhren, Dosen, Töpfen und anderes an. Als Geschirr der Unterirdischen oder Önereerskenpottjüch kann man es noch heute am Morsumkliff finden. Nachts kamen die Zwerge aus ihren Hügeln heraus, um auf Wiesen und Äckern vergnüglich zu

tanzen und zu spielen. Im Mondenschein breiteten sie gern ihre Wäsche zum Trocknen und Bleichen aus. In den langen Winternächten belustigten sie sich auf dem Eis und liefen Schlittschuh bis zum Morgengrauen.

Gewöhnlich lebten die Unterirdischen mit den Menschen in Frieden. Freilich holten sie sich allerlei von ihnen. Aber sie gaben auch Geschenke. Einmal fand ein Keitumer Bauer in der Nähe des Grabhügels Klöwenhoog eine zerbrochene Schaufel, die den Zwergen gehörte. Er legte einen Nagel dazu. Nachher waren Schaufel und Nagel verschwunden. Dafür fand er einen Kuchen, den er sich gut schmecken ließ. Oft holten sich die Unterirdischen das auch ihnen bekömmliche Bier. Eine Frau in Braderup ließ einmal eine Kröte von ihrem Bier lecken. Ihr Mann bedrohte das Tier mit der Heugabel. Sie aber beschützte es. Die Kröte war eine Zwergin, die die Frau nun einlud, ihr neugeborenes Kind zu besehen. Im Zwergenhügel wurde sie bewirtet und erhielt als Geschenk eine Menge Hobelspäne in die Schürze. Auf dem Heimweg warf sie die meisten Späne weg. Wie aber erschrak sie, als sie zuhause entdeckte, daß die wenigen übrigen Späne in Gold verwandelt waren. Sie eilte zurück, um die weggeworfenen Holzspäne zu finden. Aber ihr Suchen war vergeblich.

Zwergenkönig Finn macht Hochzeit

Der König der Unterirdischen, Finn, der im Erhebungshügel oder Reisehoog mitten auf der Heide nördlich von Braderup wohnte, mochte wie alle Zwerge die Frauen der Menschen besonders gern leiden. Eines Tages hörte er, wie ein junges Mädchen in Braderup zu ihrer Freundin sagte: „Wenn man es doch auch so gut wie die Unterirdischen hätte! Sie sind stets fröhlich und arbeiten nicht mehr als sie mögen." Dieses Mädchen hatte, wie früher die meisten Sylterinnen, täglich schwere Feldarbeiten zu leisten. Deshalb fühlte sie sich oft unglücklich und beneidete die heitere Zwergenwelt. Der Zwergenkönig trat zu ihr und fragte, ob sie es ernst gemeint habe. Sie antwortete, sie meine alles so, wie sie es sage. Da hielt Finn um ihre Hand an. Sie willigte ein, ging mit ihm in den Hügel, und am nächsten Abend machten sie Hochzeit. Alle Zwerge der Norderheide und Morsumheide erschienen zum Hochzeitsfest, geputzt und vergnügt. Jeder brachte ein Geschenk mit. Unter den Brautgaben waren ein Topf voll Beeren, ein Schälchen mit Muscheln, ein Fingerhut, ein Napf mit Milch, Honig, eine Mausefalle, ein Fischnetz, ferner Besen, Kamm, Taschentuch, Bettlaken sowie ein Schleifstein und mehrere Türschlüssel. Den Gästen wurde reichlich und köstlich aufgetischt. Es gab einige Gänge, zum Beispiel Heringsmilch und Rogen, geröstete Sandspierlinge, gesalzene Eier, Iltisbraten und Austern mit Moosbeeren. Dazu floß das Bier in Strömen. Der Bräutigam thronte auf einem großen Sesselstein. Er trug einen Mantel aus weißen Mäusefellen und eine Krone aus Edelstein, die wie ein Seeigel geformt war. Ihm zur Seite saß die zufriedene Frau, die nun Königin Isa hieß. Ihr Kleid war so fein und durchsichtig, als wäre es aus

Flügeln der Wasserlibellen zusammengenäht. Ihren Kopf schmückte ein Kranz farbenprächtiger Heideblumen, in dem Diamanten und andere Edelsteine glänzten. An jedem Finger der Braut steckte ein Goldring.

Die Hochzeitsgesellschaft tanzte die ganze Nacht. Zu Ehren ihrer Königin hatten die Zwerge ein Lied gedichtet:

Eine feine Sippschaft, seht!
Appel, Dappel, donnere nicht.
Isa, die Braut, sitzt. Halt sie fest.
Wird sie Christin, ist sie frei.

Finn und Isa lebten glücklich zusammen. Die Frau gebar mehrere Kinder, die hübsch und wohlgestaltet waren. Deswegen wünschten sich auch andere Zwerge schöne Menschenkinder und fingen an, Kinder aus den Wiegen zu stehlen. Lag in einer Wiege ein mißgestaltetes Kind, so glaubten die Menschen, die Unterirdischen hätten es vertauscht. Es galt als Wechselbalg. Ungetaufte Kinder schützte man dadurch vor den Zwergen, daß man ihnen eine Bibel oder ein Gesangbuch in die Wiege legte. Dann verloren die Zwerge ihre Macht und konnten keine Kinder mehr stehlen.

Die Puken

Der kleine Haus- und Poltergeist Nis Puk wohnt oft in alten Häusern an verborgener Stelle. Er ist ein zwergartiges Geschöpf, nicht größer als ein kleines Kind, mit einem dicken Kopf und langen Armen. Seine klugen Augen sind ungewöhnlich groß. Daher sagt man auf Sylt von einem neugierigen Menschen: „Hi glüüret üs en Puk" (Er glotzt wie ein Puk). An den Beinen tragen die Puken rote Strümpfe, um den Leib eine lange graue oder grüne Jacke und auf dem Kopf eine spitze rote Mütze. Gern mögen sie weiche Pantoffeln. Wenn sie sich darin wohlfühlen, hört man sie nachts auf dem Boden flink umherschlurfen. Wer die Puken gut behandelt, ihnen am Abend einen Teller mit Brei und Butter hinstellt und für sie Wams und Strümpfe aus Wolle strickt, dem tun sie viel Gutes und helfen im Haus und Hof. Sie füttern das Vieh, damit es gut gedeiht, und verrichten heimlich viele Arbeiten zum Segen des Hauses. Hat man die Zwerge jedoch nicht zu Freunden, so rumoren sie die ganze Nacht, stehlen, naschen und werfen alles durcheinander.

Nis Puk ist bisweilen auch am Tag zu sehen. Er sitzt gern im Giebelfenster und sonnt sich. Dabei schneidet er komische Grimassen, neckt die Hofhunde und singt das Pukenlied:

Kopf groß,
Weisheit viel.
Aug' so rund,
ist nicht blind.
Zahn so spitz,
beißt gewiß.
Züngelzung',
Näscherzung'.
Geschickte Hand wirft
Saat ins Land.
Beinchen kurz,
doch nicht zu kurz.
Bell', fluch' und schlag',
Puk ist zu geschwind.
Puk, Puk, Puk,
er ist klug.

In einem Bauernhaus wurde Nis Puk einst so anhänglich, daß er seine ganze Famile nachholte. Die Puken polterten und lärmten nachts auf dem Boden und trieben es so schlimm, daß der Bauer sie verfolgte, um sie hinauszuwerfen. Aber die Zwerge verkrochen sich wie Spinnen und Würmer in die kleinsten Ritzen und waren nicht zu fangen. Deshalb beschlossen die Hausbewohner, auszuziehen und einen anderen Hof zu kaufen. Als sie heimlich umziehen wollten, waren die Puken längst zur Stelle und riefen fröhlich: „Wir ziehen um! Wir ziehen um!"

Klabautermänner

Kleine dienstbare Geister nennt man gewöhnlich Kobolde. Bei den Schiffern heißen sie Klabautermänner. Diese Schiffsgeister sind kaum zwei Fuß hoch, aber kräftig und gedrungen. Sie haben rote Pausbacken, tragen wie der Seemann Südwester und laufen in klappernden Holzpantoffeln. Das Schiff auf See behüten sie vor Brand, Strandung und anderen Gefahren. Wenn lässige Matrosen ihre Pflicht versäumen, erteilen die Klabautermänner ihnen unsichtbar heftige Ohrfeigen. Für ihre Mitarbeit muß man ihnen kräftiges Essen hinstellen, denn sie sind Leckermäuler und nehmen am liebsten Speisen aus der Kajüte des Kapitäns.
Einem Sylter Kapitän gelang es einmal, den Klabautermann zum Bleiben auf seinem Schiff zu überreden. Er ließ sich vom Schiffsjungen zwei Gläser bringen, lud den Zwerg ein, sprach mit dem Gast und stieß mit ihm an. Da hatte das Schiff immer glückliche Fahrt. So lange nämlich ein Schiffsgeist an Bord und gut Freund mit der Mannschaft ist, geht das Schiff nicht

unter. Er verrichtet für die Seeleute manche Arbeiten. Was am Tage auf dem Schiff zerbrochen ist, zimmert er nachts wieder zurecht. Darum wird er auch der Klütermann genannt. Er kann sogar in die Zukunft sehen. Deshalb muß man darauf achten, was er tut. Klopft er, so ist alles in Ordnung. Hobelt er, so will er vom Schiff gehen. Zeigt er sich als kleines Flämmchen, so wird jemand an Bord sterben. Sitzt er auf den Rahen, den querschiffs am Mast befestigten Rundhölzern, so wird das Schiff bald untergehen. Bevor das Schiff sinkt, kommt er zum Kapitän und sagt Bescheid. Dann fliegt er durch die Luft davon. Trotzdem weiß niemand genau, wie der Klabautermann aussieht. Nur wer in der Mitternachtsstunde des Petritages, am 22. Februar, geboren ist, kann ihn sehen.

Lille Peer, der Eierkönig von List

Bevor der Fremdenverkehr und das Badeleben immer mehr Unruhe nach Sylt brachten, waren die Dünen im Listland eine stille, unberührte Landschaft. Hier nisteten Tausende von Seevögeln, darunter große Kolonien von Silbermöwen. Das Sammeln der eßbaren Möweneier war damals ein einträgliches Geschäft. Um gute Ergebnisse zu sichern, setzte der Landesherr, der dänische König, kinderreiche Väter als Eierkönige ein. Ihr Reich waren die Dünen, ihre Untertanen die Möwen. Die Steuern nahmen sie ihnen in Form der Eier ab. In manchem Jahr erbeuteten sie etwa 60.000 Eier. Da ein Möwenei fast dreimal so viel wert ist wie ein Hühnerei, verdienten die Eierkönige gut. Sie hatten aber auch viel Ärger und Verluste, denn zur Brutzeit der Vögel drangen Eierdiebe ein und beraubten die Gelege.

82

Einst herrschte Lille Peer, der kleine Peter, als „Eierkönig" im Listland. Er soll breitschultrig und sehr stark gewesen sein. Ein schweres Boot konnte er leicht über die Dünen vom West- zum Oststrand tragen. Wenn ein Schiff zu entladen war, nahm er zwei Biertonnen zugleich unter die Arme. Lille Peer hatte zwölf Kinder, die ihm halfen, die Brutplätze der Vögel zu behüten und Eier einzusammeln. Die Familie war oft Tag und Nacht auf den Beinen, um Eierdiebe zu vertreiben. Nachdem einmal ein ganzer Schwarm von Dieben mit 17 Booten gelandet war, trug Lille Peer ihre Schiffe über die Dünenberge und schob sie in die Nordsee. Die Eindringlinge tobten vor Wut, als sie es merkten. Sie entfachten Feuer im Listland, zertraten die Nester der Vögel und schossen auf die erschreckten Tiere. Mit einigen Booten, die wieder angetrieben waren, verschwanden die Strolche. Den vierjährigen Atten, den Sohn von Lille Peer, entführten sie.

Vergebens suchten der Eierkönig und seine Kinder den verschwundenen Jungen. Nun ging der verbitterte Vater noch härter gegen die Eierdiebe vor. Ob einzelne oder dutzende kamen, er schlug alle mit dem Knüppel in die Flucht. Doch stieß er nie wieder ihre Boote ins Wasser. Vierzehn Jahre zogen über das Reich des Eierkönigs. Da strandete im Sturm ein Schiff am Lister Strand. Es gelang Lille Peer, nur einen einzigen Matrosen zu retten, und das war sein eigener Sohn Atten, den er am Muttermal erkannte.

Pua Moders, der Eulenspiegel von Sylt

In Puanstöven, einem versteckten Dünental im Süden von
Westerland, stand in früheren Zeiten ein kleines Haus, dessen Schornstein immer gegen den Wind rauchte. Der Rauch
zog deswegen so ungewöhnlich ab, weil der Wind zuerst über
das Haus hinwegstrich und dann vom gegenüberliegenden
Dünenberg zurückschlug. In diesem Haus wurde ein eigenartiger, brauner Knabe geboren. Er hieß Paul oder Pua
Moders und war der Sohn der hübschen Moder (Mutter), die
sich mit einem Tater oder Zigeuner eingelassen hatte. In
jenen Zeiten kamen Angehörige dieses unsteten Wander-
volks fast alljährlich mit den Zugvögeln nach Sylt. Sie waren
dunkelhäutig, machten Musik, weissagten und handelten
gern mit den Rantumern und Hörnumern.
Als Pua Moders heranwuchs, zeigten sich früh Gewandtheit,
List und die diebischen Eigenschaften seines väterlichen
Stammes. Wo er konnte, spielte er den Leuten einen Streich.
Da er auch den Großvater neckte und höhnte, warf der Alte
seinen Enkel aus dem Haus. Nun trieb er sich in allen Inselorten umher, steckte überall die Nase hinein und hielt viele
zum Narren. Er suchte auch die Nachbarinseln Föhr,
Amrum, die Halligen und Röm auf. Dort führte er gleichfalls
die Leute an der Nase herum, naschte und stahl. Am meisten
Ärger hatten die Strandvögte mit seinen Eulenspiegeleien.
Einmal zerschellte bei Hörnum-Odde ein holländisches
Schiff, das Käse geladen hatte. Die roten Käserollen waren
über den ganzen Strand verteilt, so daß die Strandläufer
reiche Beute machten. Der eifrigste unter ihnen war Pua
Moders. Erst zuletzt kam der Strandvogt, der den Strand zu
überwachen hatte, und erhielt am wenigsten. Zu spät ruder-

ten zwei habgierige Föhrer herüber und fragten Pua Moders nach dem Käse. Grinsend empfahl er ihnen: „Was am Strand lag, hat der Strandvogt geholt. Aber seht! Dahinten im Nordosten schwimmt noch einer fett und rot im Wasser. Wenn ihr schnell dahin rudert, könnt ihr ihn noch bergen." Dabei zeigte er aufs Meer, wo soeben der Vollmond am Horizont auftauchte. Die Föhrer legten sich mächtig in die Riemen, bis sie

erkannten, daß sie nur dem Spiegelbild des Mondes im Wasser nachgefahren waren und der Mann sie gefoppt hatte. Seither sagen die Sylter, wenn jemand etwas Unmögliches vorhat: „Greif mal nach dem Mond!" und „Er sucht nach dem Mond wie die Föhrer und meint, daß der ein holländischer Käse sei."

Auf seinem Rückweg von Hörnum traf Pua Moders den Rantumer Strandvogt, der den Schelm immer im Verdacht des Diebstahls hatte. Er fand jedoch nichts in Puas Taschen. Dennoch hielt er ihm eine Strafpredigt. Noch in der gleichen Nacht rächte sich der Sylter Eulenspiegel, indem er einer Nachbarin des Strandvogts einen frischgeräucherten Schinken stahl und ihn in den Flutsaum des Meeres legte. Der Vogt entdeckte den vermeintlich angespülten Schinken und nahm ihn mit. Doch die Nachbarin bezichtete ihn des Diebstahls, so daß er viel Ärger hatte, bis er im Prozeß seine Unschuld nachweisen konnte.

Nach etlichen Streichen konnte Pua Moders sich lange Zeit auf Sylt nicht mehr sehen lassen. Er kam nach Röm, um sich dort eine rote Jacke zu beschaffen. Damals war es auf Sylt und den anderen nordfriesischen Inseln Mode, an Sonn- und Feiertagen rote Jacken zu tragen. Pua besaß keine und sann auf eine List, in ihren Besitz zu kommen. Auf Röm war gerade eine Versammlung einberufen. Man stritt über die Versetzung der Kirche um einige Ellen nach Süden und konnte sich nicht einigen. Da trat Pua Moders als Ratgeber auf und schlug vor: „Wenn ihr die Kirche nach Süden versetzen wollt, dann tretet alle an die Nordseite und drückt mit ganzer Kraft gegen die Kirche. Dann muß sie, nur von wenigen erbaut, eurer vereinten Stärke weichen. Damit wir sehen, daß die Kirche auf den gewünschten Platz kommt, legt einer von euch seine rote Jacke an die Südseite. Wenn die Jacke nicht mehr zu sehen ist, steht die Kirche an der neuen Stelle." Von diesem Vorschlag waren die Romöer begeistert. Sie liefen alle zur Nordseite und stemmten sich dagegen. Der Schalk lief hin und her, um nachzusehen, ob die Jacke noch am Platz lag. Schließlich sagte er: „Die Kirche steht, wo sie stehen soll." Nun rannten die Leute auf die Südseite. Tatsächlich war die Jacke verschwunden. Über das gelungene Werk freuten sich die Inselbewohner. Pua Moders holte später die Jacke, die er versteckt hatte, hervor und fuhr auf seine Heimatinsel zurück.

Indessen dauerte seine Freude über die rote Jacke nicht lange an. In Kampen hing er sie leichtsinnig an einen Brunnenpfahl. Eine Kuh stieß sie ins Wasserloch. Als die Kampener die Jacke im Wasser schwimmen sahen, glaubten sie, der Schelm sei selbst in den Brunnen gestoßen worden. Alle freuten sich über die Nachricht vom Ende des verhaßten Spötters. In Keitum wurden sogar die Glocken geläutet. Die Sylter sangen:

Ing und Dung.
Die Glocken läuten.
Wer ist tot?
Pua Moders ist tot!
Wie kam er zu Tode?
Die bunte Kuh,
sie stieß ihn tot!

Doch bald sprach sich herum, daß Pua Moders noch am Leben war. Er setzte seine Streiche noch lange fort, bis er eines Tages im Wattenmeer zwischen Sylt und Föhr ertrank.

Halbdunkelmänner

Dunkelmänner auf Sylt? Einst lebten sie wirklich hier. Aber sie sind nicht die Mitverfasser der bekannten Dunkelmännerbriefe, jener Sammlung satirischer Schriften aus der Zeit Ulrich von Huttens. Auf Sylt gab es nur Halbdunkelmänner. Sie schrieben keine Briefe, sie schritten unmittelbar zu Taten, indem sie als Liebeswerber in der Abenddämmerung unterwegs waren und dabei allerlei Schabernack trieben. Sie wurden Halevjunkendreng, Halfjunkengänger oder Halbdunkelgänger genannt. Nicht nur in der Dämmerung waren sie auf den Beinen, sondern meistens in stockdunkler Nacht. Sie bildeten eine Art Genossenschaft der Jungburschen eines Dorfes, die ihre Zusammenkünfte in der Dämmerung vereinbarte.

Die Halbdunkelmänner waren vor allem in den Wintermonaten rührig. In der übrigen Zeit des Jahres fuhren die meisten zur See. Waren sie jedoch zuhause, mit Geld in der Tasche von der guten Heuer und ohne Arbeit, dann machten sie die Nacht zum Tag und ließen ihrem Übermut freien Lauf. Was sie im einzelnen anstellten, hat ein Chronist aufgezeichnet:

„Die so häufigen nächtlichen Vermummungen und Streifereien der verliebten Freier oder Halfjunkengänger, der vielen müßigen und mutwilligen Seefahrer während der langen Winterabende und Nächte, überhaupt das ganze Wesen und Unwesen der Sylter Nachtschwärmer trug viel dazu bei, den Aberglauben und die Hexenverfolgungen samt vielen anderen Dingen und nächtlichen seltsamen Erscheinungen auf dieser Insel zu befördern und zu erhalten. Es war der letzte Rest des wilden Lebens und der düsteren Poesie, die aus dem Heidentum stammten. Wollte und dürfte ich die Geheimnisse der Nachtschwärmer und Finsterlinge aufdecken, so müßte ich lange Kapitel schreiben, zum Beispiel von dem „Fenstern" oder den nächtlichen Freiervisiten der jungen, vermummten Seefahrer bei ihren Geliebten, bei welchen sie nicht selten durch das Fenster ihres Schlafgemachs schlichen; ferner von den mutwilligen Verschleppungen und Aufputzungen der Wagen, Fahrzeuge und anderer Dinge der Verliebten; von Zerstörungen und Verstopfungen der Türen, Fenster, Schornsteine usw., vom Auflauern, Erschrecken und Ertappen der einsamen Freier, von den Verkleidungen, Abenteuern, Gefahren und Schlägereien der Nachtläufer."

Während ihrer nächtlichen Ausflüge glaubten die jungen Seeleute manchmal, von Hexen, Elfen, Zwergen und Gespenstern umringt und verfolgt zu werden. Sie sahen sich von weißen Jungfrauen gelockt und von schönen Meerfrauen getäuscht. Einige ließen sich vom wilden Feuer oder einem Licht irreführen und waren überzeugt, Nis Puk gehört, einen Wiedergänger erkannt und das Töpfern der Unterirdischen am Morsumkliff gesehen zu haben. Einer erzählte sogar, daß er beim Reigen der Sylter Hexen auf der Heide dabeigewesen war.

Der Vogt im blauen Rock

Eine alte Sylter Prophezeiung lautet: „Wenn fünf Landvögte in grauen Röcken kommen, wird Sylt nahe daran sein, aus Mangel an Verteidigern seiner Freiheiten und Gerechtsame zu vergehen. Nach ihnen wird aber ein Landvogt in blauen Kleidern erscheinen, der wird durch Hilfe eines auf dem Kliff wohnenden Mannes wieder alles ins vorige Gleis bringen und das Land retten."

Einen blauen Rock trug bei seiner Ankunft auf Sylt der Landvogt Uwe Jens Lornsen. Am 13. November 1830 übernahm er sein dänisches Amt in Tinnum. Aber schon zehn Tage später wurde er verhaftet und abgesetzt, nachdem der Amtmann in Tondern der Regierung über ihn berichtet hatte, er wolle seine Landsleute auf der Insel über die Mängel der Staatsordnung im dänischen Königreich aufklären und habe Agitationen angekündigt. Die Sylter waren tief betroffen von der Verhaftung. Den wahren Grund kannten sie jedoch nicht. Lornsen wurde nach kurzem Prozeß zu einjähriger Festungshaft verurteilt. Er büßte die Strafe in Friedrichsort und Rendsburg ab. Was hatte ihn in Opposition zu den Dänen gebracht? Lornsen, 1793 in Keitum geboren, studierte in Kiel und Jena Rechtswissenschaft und lernte auf der Universität jene freiheitliche, patriotische Bewegung kennen, die insbesondere von den Burschenschaften vorangetrieben wurde. Als Volontär und Kanzlist trat er in die Schleswig-Holsteinisch-Lauenburgische Kanzlei in Kopenhagen ein. Der begabte Jurist rückte bald zum Kanzleirat auf. Dennoch bewarb er sich um den weniger bedeutenden Posten des Landvogts von Sylt. Die aussichtsreiche Laufbahn in der dänischen Hauptstadt gab er gegen den Willen seines Vaters auf, um sich auf seiner

Heimatinsel in Ruhe auf schriftstellerische und zugleich politische Aufgaben vorbereiten zu können. Das ruhige Amt des Sylter Landvogts bot ihm dafür genug Zeit und Muße.

Als die erste Arbeit aus der Feder Lornsens, die politische Flugschrift „Ueber das Verfassungswerk in Schleswigholstein" erschien, war er gerade auf dem Weg zu seinem neuen Amt in Tinnum. In seiner Schrift forderte der Verfasser eine größere Unabhängigkeit der Herzogtümer gegenüber dem dänischen Königreich. Er verlangte die Einberufung einer Abgeordneten-Versammlung für Schleswig-Holstein, die Verlegung der schleswig-holsteinischen Kanzlei von Kopenhagen in die Herzogtümer, die Errichtung eines eigenen schleswig-holsteinischen Gerichtshofs mit Sitz in Schleswig, die Einsetzung eigener Regierungsorgane für beide Herzogtümer und die Bildung eines obersten Staatsrats, dem alle Verwaltungsbehörden untergeordnet sein sollten. Nur der Landesherr, die Außen- und Verteidigungspolitik sollten in den Herzogtümern und Dänemark gemeinsam sein. Die nur 14 Seiten umfassende Schrift wurde in 9.000 Exemplaren gedruckt. Sie sollte nur Vorschläge zur Verbesserung der Verwaltung bringen. Keineswegs war sie als Beitrag zu einer Verschwörung gegen den dänischen König verfaßt. Aber die Regierung befürchtete, daß Lornsen die Unzufriedenheit der Bevölkerung, die schon wegen wirtschaftlicher Schwierigkeiten bestand, noch weiter schüren werde. In seinem Vorgehen, vor allem in seinem agitatorischen Verhalten sah sie eine Bedrohung der Ruhe und Ordnung im Staat. So kam es zu seiner Festnahme.

Lornsen hat seine staatspolitischen Ziele nicht unmittelbar erreicht. Gleichwohl hat er die schleswig-holsteinische Bewegung, die eine Trennung der Herzogtümer von Dänemark anstrebte, vorangetrieben. Er hat allgemein das politische Leben in Schleswig-Holstein angeregt und die Bahn gebrochen für das Ende des absolutistischen Regierungssystems und für das Werden des neuzeitlichen Verfassungsstaates. Die Rechtsforderungen der Schleswig-Holsteiner hat er in seinem hinterlassenen Werk über „Die Unionsverfassung Dänemarks und Schleswigholsteins" begründet. Seine Forderung nach der Ungeteiltheit der Herzogtümer kommt im Titel dieses nach seinem Tode veröffentlichten Buches sowie in seiner Flugschrift zum Ausdruck: Lornsen kannte kein „Bindestrich-Schleswig-Holstein", er schrieb „Schleswigholstein" in einem Wort.

Enttäuscht über den Mißerfolg seiner Bemühungen und zermürbt von einer quälenden Krankheit, setzte Uwe Jens Lornsen seinem Leben selbst ein Ende. Am 12. Februar 1838 fand man ihn am Ufer des Genfer Sees mit durchschnittenen Pulsadern und zerschossenem Herzen.

Der „Mann auf dem Keitumer Kliff" war ein Freund von Lornsen, der Landschaftsarzt Georg Wülfke. Er meldete sich gleichfalls zu Wort mit seiner Flugschrift „Zur Würdigung des Strebens nach Verfassung in Schleswig-Holstein", in der er das Recht der Herzogtümer auf eine Verfassung untersuchte und bejahte. Auch die Forderung der Sylter nach Veränderungen in der Verwaltung erläuterte er in seinem Buch „Ueber die Sylter Landschaftsverfassung und ihre zeitgemäße Verbesserung" aus dem Jahr 1831. Er hat dadurch einige liberale Reformen „ins Gleis gebracht."

Die Prophezeiung ist eingetroffen: Der Landvogt im blauen Rock und der Mann vom Kliff haben die Geschicke der Insel mitbestimmt.

Die Badewärter Paulsen und Mommsen

Seitdem die Insel Sylt als Sommerfrische entdeckt ist und die Badeeinrichtungen in den Kurorten geschaffen wurden, haben die Badewärter ihre Beschäftigung. Sie waren erstmals im Jahre 1855 tätig, als am Westerländer Strand die erste Badekarre, eine wichtige Voraussetzung für den damaligen Badebetrieb, und Zelte zum Umkleiden der Badegäste bereitgestellt wurden. Für deren Benutzung mußten Badekarten gelöst werden. Die erste Westerländer Kurkarte war hiermit erfunden. Deshalb gilt 1855 offiziell als Gründungsjahr des Badeorts Westerland. In jenem Jahr suchten nur 98 Gäste Heilung und Erholung auf Sylt. Sie lösten ihre Badekarten, um die Zelte der Dorfbewohner am Strand nutzen zu können. Es wird von einem Fräulein Feddersen erzählt, das sich bei der Ankunft nur auf Krücken bewegen konnte, durch das Baden in der Nordseebrandung jedoch so gestärkt wurde, daß es tanzend abreiste. Zum Wohlbefinden aller Badegäste haben insbesondere die Hilfsbereitschaft, Fürsorge und Freundlichkeit der Badewärter beigetragen.

Die Namen der meisten Badewärter sind nicht mehr bekannt. Aber von zwei tüchtigen Männern in Westerland wird noch heute erzählt. Sie hießen Paulsen und Mommsen. Beide wurden auf Sylt geboren. Sie fuhren zur See und erlebten viele Abenteuer in fremden Ländern, bevor sie ihren Dienst am Strand von Westerland begannen. Paulsen ist 26 Jahre lang in der Fremde gewesen. Als Kapitän hat er auf amerikanischen Segelschiffen zehn Jahre das Kommando geführt. Nachdem er sechs Jahre die Heimatinsel nicht gesehen hatte, kam er zurück, heiratete und ging bald wieder an Bord. Seine Frau sah er zwanzig Jahre nicht mehr. In New York erkrankte er schwer, lag im Krankenhaus und war dem Ende nahe. Da raffte er alle Kraft zusammen, verließ heimlich das Krankenbett mit Hilfe eines Kameraden und wurde als blinder Passagier auf einen Westindienfahrer gebracht. Er hatte den Drang, wieder auf See zu kommen und glaubte, nur auf einem Schiff unterwegs genesen zu können. Der Kapitän entdeckte den Kranken erst, als es zu spät war, ihn auszusetzen. An Bord verstand Paulsen kein Wort, denn alle sprachen portugiesisch. Aber er wurde wieder gesund und kam glücklich in Havanna an. Bald führte er als Kapitän wieder ein eigenes Schiff. Sechs Jahre vor seiner Rückkehr nach Sylt erreichte sein abenteuerliches Leben den Höhepunkt. Er wurde Goldgräber in Kalifornien und konnte dort mit Glück und Fleiß ein großes Vermögen zusammenbringen. Er baute Dampfmaschinen, Häuser und Fabriken. In der kalifornischen Hauptstadt Sacramento traf er seinen Landsmann Mommsen, der es nur zum Nachtwächter gebracht hatte. Ihm war in der Fremde nichts gelungen. Trotz mancher Versuche im Goldland war er arm geblieben. Ihn nahm Paulsen in seine Dienste. Als beide genug verdient hatten, schifften sie sich mit ihrem Geld nach Liverpool ein, um wieder in die Heimat zurückzukehren. An der irischen Küste kamen sie in einen Orkan und erlitten Schiffbruch. Sie wurden noch lebend an Land gespült. Hab und Gut waren verloren. Bettelarm erreichten sie Sylt. Paulsen empfingen hier seine Frau und sein 20jähriger Sohn, den er noch nie gesehen hatte. Damals wurden gerade die ersten Einrichtungen für das Westerländer Bad aufgestellt. Da machte man Paulsen, den Schiffskapitän von New York und Goldgräber, zum Badewärter und Mommsen, den Nachtwächter von Sacramento, zu seinem Gehilfen.

Der Spion mit dem Notizbuch

Als Keitum noch der Hauptort der Insel Sylt war, hielt an einem Sommerabend ein Postwagen vor dem Haus der Witwe Johannsen. Ein Fremder stieg aus und bat um Quartier. Die Vermieterin war froh über den unerwarteten Gast, der wohlgekleidet war und deutsch mit ausländischem Akzent sprach. Er stellte sich als Schweizer mit dem Namen Arnold Rieder vor. Er mache eine Vergnügungsreise und sei Rentner, erklärte er. Am nächsten Morgen machte er sich auf den Weg nach Westerland und Kampen. Den Wärter des Kampener Leuchtturms fragte er, ob er eine Anstellung beim Militär habe und der Turm zu besichtigen sei. Wieder zurück in Keitum, vereinbarte er mit einem Schiffer für den nächsten Tag

95

eine Bootsfahrt nach List. Auf dieser Fahrt trug der Fremde ein dickes Buch bei sich, das einem vom Marineministerium herausgegebenen Schiffahrtswerk ähnelte. Außerdem war er im Besitz einer Karte des Nordteils der Insel, auf der auch Seezeichen und Tiefenzahlen eingetragen waren. Arnold Rieder fuhr bald nach Föhr weiter. Von ihm wäre auf Sylt nie mehr die Rede gewesen, wenn er nicht sein kleines Notizbuch auf dem Tisch der Witwe Johannsen liegengelassen hätte.

Auf Föhr angelangt, entdeckte Rieder den Verlust seines Notizbuchs. Telegrafisch bat er die Keitumerin, es ihm nachzusenden. Doch wartete er vergebens darauf. Denn der Sylter Landvogt hatte in Keitum zufällig von dem vergessenen Notizbuch gehört, es abgeholt und darin Zeichnungen von militärischen Anlagen, darunter eine Skizze der Festung Friedrichsort bei Kiel und andere verdächtige Aufzeichnungen entdeckt. Auf Föhr wurde Rieder von den alarmierten Behörden verhaftet und nach Flensburg gebracht. Das Gericht verurteilte ihn zu drei Wochen Gefängnis, weil die Aufnahme von Festungswerken verboten war. Sonst fand man keine besonders belastenden Beweise gegen ihn. Nachdem der Verurteilte aus der Haft entlassen war, verschwand er im Ausland.

Das Geheimnis um den merkwürdigen Gast der Witwe Johannsen ist erst viele Jahrzehnte später gelüftet worden. Der Fremde von Keitum hieß nicht Arnold Rieder, sondern Elie Reclus. Er war kein Schweizer, sondern Franzose. Und er war auch kein Rentner, sondern Offizier, ein Meisterspion des französischen Geheimdienstes. Diesen dicken Fisch hatten die Deutschen in ihren Netzen gefangen und ihn nach kurzer Haft wieder schwimmen lassen.

96

Das Geheimnis der Vogelkoje

Der Wärter der Vogelkoje an der Ostküste der Insel Sylt, Amandus Wendehals, war eines Tages spurlos verschwunden. Zuletzt hatte ihn die Wirtin von Kliffsruh in Kampen gesehen. Clara Tiedewitz kam allwöchentlich in das kleine Wäldchen mit dem Süßwasserteich. Hier lebte der Kojenmann und tat seine Arbeit. Frau Tiedewitz hatte ihn angestellt, denn ihr gehörte die Vogelkoje. Von seinem Arbeitsplatz durfte sich Amandus Wendehals nicht tagelang entfernen, ohne sich mit der Eigentümerin verständigt zu haben. Die beiden hatten jedoch über eine längere Abwesenheit des Kojenwärters nicht gesprochen. Warum war er dennoch weggeblieben? Da es während eines Sturmes geschah, wurde angenommen, daß der Vermißte mit dem kleinen Boot, das sonst an der Blidselbucht im Wattenmeer verankert war und nun nicht mehr dort lag, von den Wellen fortgerissen sei. Diese Annahme war umso wahrscheinlicher, als in den nächsten Tagen der Kahn nicht gefunden wurde.

Obwohl sie wenig Hoffnung hatte, den Kojenmann wiederzusehen, ritt Clara Tiedewitz an jedem Morgen zur Vogelkoje. Unterwegs dachte sie daran, wie sie Amandus Wendehals vor Jahren kennengelernt hatte. Damals war sie froh, einen alten Tischler für die Arbeiten im Haus zu finden. Er kam vom Festland herüber, hatte in einem Museum als Modellschreiner gearbeitet und war sehr tüchtig. Sein Kollege, der bei ihr als Maler tätig war, wurde bald neidisch und versuchte, den Tischler Wendehals schlecht zu machen.

„Sie wissen nicht, wer er ist", fing er an.

„Ich weiß es nicht und will es nicht wissen", sagte sie. „Solange ich mit jemandem zufrieden bin, interessiert es mich

nicht, was er früher getan hat."
„Ich wollte Sie nur warnen", bemerkte er.
Clara Tiedewitz wußte nicht, woher Wendehals kam. Das
Personal des Hauses Kliffsruh schätzte ihn. Er war immer
freundlich, sauber gekleidet und duldete bei Tisch keinen
Lärm und keine Albernheiten. Er hielt auf Ordnung und war
im übrigen ein Eigenbrötler. Im Herbst gingen alle, wenn die
Badesaison zuende war. Wendehals blieb. Er blieb einige
Jahre.
In der Vogelkoje brauchte Frau Tiedewitz einen Wärter, der
etwas von den Pflanzen, Tieren und der Pflege der Koje ver-
stand. Wendehals kam dafür in Frage. Im Sommer zeigte er
den Kurgästen die Anlage, worüber er sauber und gewissen-
haft Buch führte. Einmal kam der Kampener Gemeindevor-
steher nach Kliffsruh. Die Hausherrin kannte ihn seit lan-
gem, und sie hatten sich viel zu erzählen. Bevor er ging, zog
er ein Büchlein aus der Tasche und sagte:
„Nicht wahr, Herr Wendehals ist noch bei Ihnen?"
„Ja."
„Ich bin leider gezwungen zu fragen, wie er sich führt."
„Wie er sich führt? Wie meinen Sie das?"
„Ja, sehen Sie, ich spreche nun als Beamter, der sich erkundi-
gen muß. Ich hätte es schon früher getan, aber ich dachte,
Frau Tiedewitz wird schon wissen, wen sie im Haus hat."
„Ja, ich glaube es zu wissen. Ich wüßte nichts Nachteiliges
über ihn zu sagen. Einen besseren Arbeiter kann man sich
nicht wünschen."
„Und Sie wußten auch, daß er unter Polizeiaufsicht steht?"
„Ja."
Frau Tiedewitz antwortete ohne Nachdenken und ohne
Zeichen der Erregung. Tatsächlich war sie beunruhigt. Aber

der Gemeindevorsteher bemerkte es nicht und fragte:
„Und Sie wissen auch, warum Wendehals beaufsichtigt
wird?"
„Nein, und wenn es kein Mord ist, will ich es auch nicht
wissen."
„Nein, nein", entgegnete er rasch. Dann sah er in sein Büchlein, als hätte er es selbst vergessen, und nannte das Vergehen.
Clara Tiedewitz tat, als hätte sie es nicht gehört. Kurz darauf
war sie unterwegs zur Vogelkoje. Sie war empört. Wendehals
hätte sie ins Vertrauen ziehen müssen. Aber der Weg zur Koje
war lang, und sie hatte Zeit nachzudenken. Sie sah den
Kojenwärter vor sich mit schneeweißem Haar. Wie alt war er
jetzt? Über siebzig. Und heimatlos, ganz allein dort draußen.
Hatte er Familie? Was hatte er durchgemacht? Was wußte sie
darüber, wie er ins Unglück gekommen war. Was wissen wir,
einer vom anderen?
In diesem Augenblick fiel ihr die Bemerkung des Malers ein:
„Sie wissen nicht, wer er ist. Ich wollte Sie nur warnen."
Wendehals sah sie bereits kommen. Wie immer kam er ihr
entgegen, um das Pferd auf die Wiese zu bringen. Dann saßen
sie sich gegenüber. So vorsichtig wie möglich sprach sie von
dem Besuch des Gemeindevorstehers. Der Kojenwärter sah
aus wie einer, der sein Todesurteil hört.
„Besser wär's wohl gewesen, Sie hätten mich ins Vertrauen
gezogen."
„Ja, Madame."
Er wandte den Kopf und sah durchs Fenster auf das stille
Watt. „Ich hab's wollen. Hundert mal. Und dann, hab ich gedacht, ist alles aus. Und es war so schön. Die Arbeit und hier
draußen und..." Er lächelte traurig. „Nun eben – bei Ihnen.

Und nun will ich erzählen."
„Davon ist keine Rede. Nun und nie. Ich war noch nie neugierig. Und da es kein Mord war…"
Er erschrak: „Aber nein, nein, das war es nicht."
„Gott sei Dank, Wendehals. Und nun ist es ausgesprochen und begraben und wir wechseln nie wieder ein Wort darüber."
Und es wurde nie wieder darüber gesprochen.
Der Kojenwärter fand nur selten Gesellschaft. Im Dorf fragte man sich, was er in der Vogelkoje treibe. Niemand wußte genau, was dort in den Wasserarmen mit den Reusen jahraus jahrein im Herbst geschah. Denn nur im Frühjahr und Sommer war die Pforte geöffnet. Aber im Herbst war sie stets gesperrt. Das Wäldchen war mit einem Zaun aus Stacheldraht umgeben und durch Fußangeln gesichert. Zuerst kamen nur selten Besucher. Wendehals empfing sie mit scheu gemurmeltem Gruß und unsicherem Blick. Ihre Fragen beantwortete er zumeist unbestimmt und manchmal gar nicht. Erkundigte sich jemand nach den Fangsäcken und nannte sie Aalreusen, so widersprach er nicht. Da alles unklar blieb, entstand allmählich ein Geraune vom bösen Treiben des seltsamen Kojenmannes. Mancher deutete an, das Gebiet werde nicht zufällig Vogelkoje genannt und an den Wasserarmen gehe es um den Vogelfang. In jedem Sommer kamen mehr Kurgäste, die der geheimnisvolle Ruf der Koje anzog. Sie liefen neugierig über die Pfade, machten Witze, stellten Fragen und verschwanden wieder. Wendehals behandelte sie alle gleich und war wortkarg und scheu. Viele verließen das Wäldchen in der Meinung, der Wärter sei ein Dummkopf. Einige ahnten jedoch Ungewöhnliches hinter seinen hellen Augen und gelben Brauen. Keinem erzählte der Kojenmann, was im Herbst in der Koje geschah. Er wollte ihr Geheimnis

nicht preisgeben. Aber er konnte doch nicht verhindern, daß immer mehr darüber bekannt wurde, was er hinter dem Gebüsch der Koje tat.

Wenn der Herbst einsetzte und die Hauptarbeit in der Vogelkoje begann, wurde Amandus Wendehals unruhig. „Die Enten werden bald kommen", sagte er zu sich und erwartete die großen Scharen von Wildenten. Sie kamen in jedem Jahr auf ihrem Durchzug vom Norden an die Ostküste der Insel Sylt, rasteten dort und flogen dann weiter in ihre Winterquartiere. Auf den Watten, in den Prielen und Strömen fanden die Vögel immer reichlich Nahrung. Zur Wasseraufnahme flogen sie gern auf den Süßwasserteich der Vogelkoje, der ringsum mit Büschen und Bäumen bepflanzt war und einen zutraulichen, ungefährlichen Eindruck machte. Aber die Tiere täuschten sich. Sie gerieten in eine Falle, denn der lauschige Rastplatz war eine Entenfangstätte. Ihr Mittelpunkt war der Süßwasserteich. Von den vier Teichecken aus wanden sich 20 bis 30 Meter lange Kanäle hornförmig ins Land: die Fangpfeifen, auch Piepen genannt. Sie waren mit Netzen überspannt. Auf dem Teich selbst schwammen zahme Lockenten mit gestutzten Flügeln. Sie veranlaßten ihre wilden Verwandten, zum Fressen in die Mündung der Fangkanäle zu schwimmen. Die Pfeifen wiesen in die Hauptwindrichtung. Zum Fangen war jeweils die Pfeife bestimmt, über die der Wind dem Teich zuwehte, denn die Vögel fliegen und schwimmen gern gegen den Wind. Der Kojenwärter lauerte dort, hinter einer Sichtblende aus Schilf oder Stroh versteckt. Manchmal unterstützte ihn ein Kojenhund, der die Wildenten tiefer in den Fangkanal hineintrieb. Am Ende der Pfeife war die Reuse angebracht. War der Vogel darin gefangen, nahm der Kojenmann ihn heraus. Nun wurde das Tier geringelt, das heißt: es wurde durch Umdrehen des Genicks rasch getötet.

Amandus Wendehals hatte schon vielen Vögeln den Hals umgedreht. Damit die Wildenten ihn nicht witterten, Verdacht schöpften und flüchteten, pflegte er ein mit glimmenden Torfbrocken gefülltes Gefäß, die Kieke, in der Hand zu halten. Er glaubte, das Geruchsvermögen der Vögel sei stark entwickelt. Mehrere tausend Enten gerieten in jedem Jahr in seine Falle, darunter vor allem Stock-, Spieß-, Pfeif- und Krickenten. Wenn er sie erlegt hatte, stapelte er die Beute, bis sie nach Kliffsruh gebracht wurde. Dort waren die gebratenen Wildenten als Delikatesse geschätzt. Dennoch schimpften viele Badegäste und Dorfbewohner auf Wendehals und nannten ihn einen Vogelmörder. Was er tat, betrachteten sie als wahllosen Massenfang, als verpönten Vogelmord. Sie wetteiferten gegen ihn, bewarfen ihn mit Schimpfwörtern und Steinen, sobald er sich zeigte. Clara Tiedewitz nahm ihn in Schutz und versuchte, seine Widersacher zu besänftigen. Ohne Erfolg. Die Abneigung der Leute gegen den Kojenmann wuchs noch mehr, nachdem der neidische Maler von Kliffsruh überall erzählt hatte, Wendehals stehe unter Polizeiaufsicht. Nun mieden alle den Eigenbrötler der Vogelkoje. Man fürchtete sich vor ihm und ging ihm aus dem Weg.

Amandus Wendehals war es gewohnt, allein zu leben. Aber ohne Verbindung zu anderen verkümmerte er. Daran änderten auch die Besuche der Wirtin von Kliffsruh nichts. Da alle ihn verachteten und den Rufmord unterstützten, verdunkelte sich sein Gemüt. An einem regnerischen Morgen, als der Nebel die warme, vom Sonnenlicht schon erhellte Luft durchwob und vom Watt her die Rufe der Enten und Gänse herüberhallten, verließ er die Vogelkoje, band das Boot los,

setzte die Segel und fuhr ab, um nicht wiederzukehren.
Was hatte Amandus Wendehals verbrochen? Clara Tiedewitz
hat es nie verraten. Der Kampener Gemeindevorsteher und
der mißgünstige Maler nahmen es mit ins Grab. Darum ist es
heute noch ein Geheimnis.

Abessinien oder die Strandung der Adrar

Als eines Tages in der Grundschule eines Dorfes bei Heidelberg ein kleines Mädchen namens Gloria an die Weltkarte geschickt und gefragt wurde, wo Abessinien liege, da nahm sie den Zeigestock und deutete ohne Zaudern, wenngleich leicht errötend, auf einen winzigen Fleck vor der schleswigholsteinischen Nordseeküste, auf die Insel Sylt.

Jener Strand für Nacktbadende, der von Kampen bis zur Höhe der Buhne 31 reicht, kam in den dreißiger Jahren zu seinem Namen Abessinien. 1935 erlebte Sylt einen stürmischen Herbst. Am 19. Oktober dieses Jahres wuchs der Sturm zu einem Orkan an. Alle Rettungsstationen waren in höchster Alarmbereitschaft. 50 Schiffe gerieten in Seenot. Eines von ihnen wurde am Abend gegen 21 Uhr vor Westerland gesichtet. Es trieb weiter nach Norden ab und tauchte um Mitternacht vor Kampen auf. Der dortigen Wache kam es um ein Uhr nachts außer Sicht. Eine Stunde später wurde gemeldet, ein Schiff sei nördlich von Kampen auf der Höhe der Blidselbucht gestrandet. Man sah die Notsignale, vier bis fünf Raketen. Sofort machte sich die Kampener Rettungsmannschaft mit drei Gerätewagen auf den Weg, unterstützt von Helfern aus Westerland. Die Zufahrt war beschwerlich, denn die Betonstraße zum Nordteil der Insel war damals noch nicht gebaut. Es gab nur einen sandigen Weg, auf dem die Männer sich mühsam vorwärtsbewegten. Aber ihre Energie und Willenskraft waren erstaunlich. Diese Männer schienen plötzlich über sich hinauszuwachsen. In ihrem Ölzeug wirkten sie wie die Riesen, die einst gegen die Zwerge des Königs Finn kämpften. Sie griffen in die Räder und kamen im Orkan nur schrittweise voran, quer durch die Dünen. Mit einer Stablampe wies der Strandvogt ihnen den Weg durch Sand und Heide. Vier Stunden brauchten sie, bis sie die Dünen erreichten, vor denen das Schiff gestrandet war. Es war der französische Dampfer Adrar, 5872 Tonnen groß.

Die Kampener Rettungsleute bauten ihre Geräte auf und schossen die Raketen, um die Verbindung zum Schiff herzustellen. Mit der Hosenboje wurden ein Offizier und zwei Matrosen an Land gezogen. Aber es gelang ihnen nicht, an Bord zu kommen. Der Kapitän der Adrar hatte die Anker seewärts ausgeworfen, denn er wollte nicht als gestrandet betrachtet werden. Für die Hilfe bedankte er sich mit einer Flasche Cognac. Der Schiffsoffizier telefonierte, um der Reederei zu berichten und Seeschlepper anzufordern. Die Rettungsmänner beendeten ihre Bemühungen und kehrten ins Dorf zurück. Von den Neugierigen bedrängt, schwiegen sie über alle Einzelheiten. Nun kamen viele Gerüchte auf: Die Adrar hatte bei Helgoland Ruderschaden gehabt, war langsam auf die Küste zugetrieben. Woher kam sie? Aus Hamburg? Und wohin sollte ihre Reise gehen? Angeblich nach Nordafrika. Und was hatte sie geladen? Kleine Maschinen? Es hieß, der deutsche Panzerkreuzer Admiral Scheer sei hinter dem französischen Dampfer her gewesen und lauere ihm auf. Kapitän Litzelmann, der weiterhin das Kommando auf der Adrar führte und an Bord blieb, gab keine Auskunft.

Damals hatte Mussolini gerade einen Streit mit dem Kaiser von Abessinien. Deshalb hielt man die kleinen Maschinen für Kanonen oder Maschinengewehre, bestimmt für Abessinien, zur Aufrüstung des afrikanischen Staats, verladen auf das von Waffenhändlern gecharterte Schiff. Damit wurden auch das Herbeieilen des deutschen Panzerkreuzers und die Verschwiegenheit der offiziellen Stellen erklärt. Man wußte jedoch nichts Genaues.

Für die zahlreichen Kurgäste und die Einheimischen war das auf Grund gelaufene Schiff ein beliebtes Ausflugsziel. Der Dampfer, der mit steiler Bordwand auf dem Strand lag, und die Mannschaft an der Reeling waren ein häufiges Motiv der Photographen. Die Seeschlepper konnten das Schiff nicht wieder flottmachen. Erfolglos gaben sie ihre Versuche auf. Den ganzen Winter blieb die Adrar am Strand liegen. In der folgenden Badesaison stellten sich wiederum viele Gäste ein, zu deren Programm eine Wanderung zum geheimnisvollen französischen Dampfer gehörte. Die Nacktbadenden gingen dort ins Meer und sonnten sich dicht davor. Die Franzosen stierten von oben herunter und durften nicht herabklettern. Nun wurde dieser Strandabschnitt auf den Namen Abessinien getauft. Beständig wurde über das Geheimnis der Adrar geflüstert und gewispert.

Weitere Bergungsversuche mißlangen. Etwa neun Monate lang war die Mannschaft an Bord eingesperrt. Sie wurde zwar gut verpflegt, aber der Landgang war ihr nicht gestattet. Sogar im Sommer durfte sie nicht an den Strand. Mord und Totschlag sollen die Folge gewesen sein. Unter den Seeleuten waren auch Neger und Chinesen. Nicht alle sprachen französisch. Der jüngste Schiffsoffizier, ein Funker, der die zerbrochenen Antennen und Apparate instandzusetzen hatte, äußerte einen besonderen Wunsch: Er bat um französische Lektüre. Einige Bücher haben Badegäste für ihn zusammengetragen. Der Franzose war erfreut und gesprächig. Über sein Sylter Erlebnis soll er gesagt haben: „O Gott, nichts als Sand und Meer!" Eine so trostlose Insel habe er noch nicht gesehen. Befragt, ob das Schiff wirklich für Abessinien bestimmt sei, nickte der Funkoffizier, hob seine Hände wie segnend über den Strand und rief: „Mais oui!" Hiermit war der Strandname Abessinien bestätigt.

Die Bergung des Schiffes wurde erneut versucht. Als die Kosten der Bergungsversuche dem Schrottwert des Wracks nahekamen, wurde der Dampfer an die Bugsiergesellschaft verkauft. Die Mannschaft ging von Bord. Am 17. August 1936 wurde die Nachricht bekannt, die Adrar sei flottgekommen und in Begleitung von Schleppern auf Afrikakurs gegangen. Von der Adrar blieb nichts zurück als der Name für den Kampener Strand der Nackedeis. Die Gerüchte über Schiff und Ladung entsprachen nicht der Wahrheit: Der Dampfer war auf dem Weg von Hamburg nach Antwerpen in einen Orkan geraten und hatte zwischen Helgoland und Borkum SOS-Signale gegeben, weil die Maschine schadhaft und das Hauptruder gebrochen waren. Die Hilferufe nahm die Admiral Scheer auf und eilte herbei. Doch als das Wasser zu flach wurde, mußte das tiefergehende Kriegsschiff abdrehen. An Bord der Adrar waren keine Maschinengewehre, sondern Porzellan, Holzstämme und Palmöl. Sie war aus Afrika gekommen und hatte in Hamburg Stückgut zugeladen.

Nachwort: Sage ist nicht Geschichte

Die Sage ist ursprünglich das, was erzählt, mündlich von Generation zu Generation weitergegeben wurde und zunächst gar nicht aufgezeichnet worden ist. Sie bedeutet Rede, Erzählung, Aussage. Wie in jeder Landschaft sind auch auf der Insel Sylt Sagen erzählt worden. Sie können heute noch neu entstehen, obwohl in unserer Zeit Radio und Fernsehen die Freude am Erzählen sowie die Phantasie immer mehr verdrängen. Deswegen kann ein Sagenbuch in die entstehenden Lücken treten.

Alle Sagen sind aus dem Volks- und Heimatgeist hervorgegangen. Sie geben daher Auskunft darüber, welche Begegnungen die Menschen mit Natur, Landschaft, jenseitigen Wesen und Welten, alltäglichen, ungewöhnlichen, unheimlichen Ereignissen in der Vergangenheit und Gegenwart hatten und welche Wünsche, Hoffnungen, Meinungen sie haben. Der Sagenerzähler glaubte zuerst an das, was er erzählte, und betrachtete es keineswegs als sagenhaft im heutigen Sinn, also als unglaubhaft und geschichtlich nicht belegt. Tatsächlich ist Sage jedoch nicht Geschichte, auch wenn sie von einem historischen Geschehen spricht. Sie will nicht Geschichte schreiben und nicht die Wirklichkeit aufzeigen. Gleichwohl enthält sie Wahrheiten, denn Denken, Empfinden und Glaube sind als Bekenntnis zu einem bestimmten Lebensraum in ihr zu erkennen. Die Sage zwingt uns auch zu realistischen Vorstellungen, die freilich wandelbar sind. Wenn ungewisse, rätselhafte und ungreifbare Vorgänge, wie etwa die Entstehung der Insel Sylt, in Sagenform erklärt werden, erscheint die Wirklichkeit in poetischer und historischer Verkleidung.

Die vorliegende Sylter Sagensammlung ist keine wissenschaftliche Arbeit. Sie enthält nicht nur Sagen im strengen Wortsinn. Vielmehr sind auch solche Geschichten aufgenommen, die wegen ihres abenteuerlichen und merkwürdigen Inhalts zu einem sagenähnlichen Erzählbericht geworden sind. Vielleicht sind sie eher als Kurzgeschichten oder Anekdoten zu kennzeichnen. Diese Frage der Gattungen und Begriffe ist hier nicht so wichtig wie der Wunsch, das überlieferte Erzählgut im zeitgemäßen Stil und heutigen Verständnis darzustellen, nämlich klar, kurz und nicht weitschweifig. Möglicherweise kann diese Sammlung dazu anregen, das Interesse am Erzählen neu zu wecken. Das Vorlesen ist der erste Weg dahin.

Manfred Wedemeyer

Literaturverzeichnis

Hansen, Christian Peter, Friesische Sagen und Erzäh-
lungen. Altona 1858
– –, Uald Sölring Tialen. Mögeltondern 1858
– –, Sagen und Erzählungen der Sylter Friesen. Garding
1875, 3. Aufl. 1895, Nachdruck Walluf 1972
Jensen, Christian, Grabhügel und Hünengräber der nord-
friesischen Inseln in der Sage. Schleswig 1910
Jessel, Hubertus, Sylt im Spiegel der Sage. 2. Aufl. Flens-
burg 1969
Jessen, Wilhelm, Sylter Sagen. Westerland 1926, 2. Aufl.
1965, 3. Aufl. Münsterdorf 1976
Krogmann, Willy, Überlieferung und Erfindung in
C.P. Hansens „Uald Sölring Tialen." Rheinisches Jahrb.
f. Volkskunde VII (1957)
– –, Sylter Sagen. Göttingen 1966
Lübbing, Hermann, Friesische Sagen von Texel bis Sylt.
Jena 1928, Nachdruck Leer 1977
Meyer, Gustav Fr., Schleswig-Holsteiner Sagen. Jena 1929,
Neuausgabe 1968
Müllenhoff, Karl, Sagen, Märchen und Lieder der Herzog-
tümer Schleswig, Holstein und Lauenburg. Kiel 1845,
Neuausgabe Schleswig 1921, Nachdruck Kiel 1975
Muuß, Rudolf, Nordfriesische Sagen. Flensburg o.J. (1932)
Schmidt, Hermann, Geschichten um Pua Moders, den
Schelm von Sylt. Westerland 1969
Schmidt-Eppendorf, Peter, Sylt – Memoiren einer Insel.
Husum 1977
Schulz, H.H., Das Heimatbuch der Nordfriesen.
Hamburg 1957

Simon, Sven, Jacobi, Claus, Wedemeyer, Manfred,
   Sylt – Abenteuer einer Insel. 2. Aufl. Hamburg 1980
Tedsen, Julius, Erlebnisse nordfriesischer Seeleute. 2. Aufl.
   Langensalza 1938
Tiedemann, Clara, Kampener Skizzen.
   Stuttgart 1966, 2. Aufl., Münsterdorf 1973
Quedens, Georg, Sylt erzählt. Münsterdorf o.J.
Wedemeyer, Manfred, C.P. Hansen – Der Lehrer von Sylt.
   Schleswig 1982

Inhalt

113

Manfred Wedemeyer

Kleine Geschichte
der Insel Sylt

Manfred Wedemeyer, bekannter Autor zahlreicher Buchveröffentlichungen
zum Thema Sylt, hat in seinem neuesten Werk eine fundierte und spannend
erzählte Inselgeschichte vorgelegt. Unterstützt von zahlreichen Abbildungen
gibt er einen Überblick über das historische, soziale und natürliche Geschehen
auf der größten und bekanntesten Nordseeinsel, die seit etwa 2.500 v. Chr.
dauernd besiedelt worden ist. Das Buch ist ein Angebot an die rund 500.000
Erholungssuchenden, die in jedem Jahr nach Sylt kommen, ihre Wertschätzung
für die Insel durch vertiefte Kenntnis zu vermehren.

126 Seiten mit zahlreichen Abbildungen, broschiert,
Format 15 × 22 cm, 19,80 DM

Verlag Peter Pomp · Essen

Manfred Wedemeyer

Sylter Schmökerlexikon

Manfred Wedemeyer

SCHMÖKER-LEXIKON

Das Schmökerlexikon wendet sich an jeden, der dem unvergleichlichen Charme von Sylt verfallen ist. Von A bis Z wird in unterhaltsamer Weise die Kulturgeschichte der Insel aufgearbeitet. Entstanden ist ein Lexikon, das nicht nur als Nachschlagewerk dienen soll; Manfred Wedemeyer will seine Leser zum „Schmökern" verleiten, zum genußvollen Weiterlesen auf der Suche nach neuen und interessanten Fakten, die er kenntnisreich und fesselnd ausbreitet.

240 Seiten mit zahlreichen Abbildungen, fest gebunden mit Schutzumschlag, Format 15 × 21 cm, 32,– DM

Verlag Peter Pomp · Essen